Das große Buch der Ritter und Burgen

Philip Steele

TESSLOFF

INHALT

DIE ZEIT DER RITTER 4

Das Mittelalter 6

Krise in der Christenheit 8

Das Rittertum 10

Der Ritterschlag 12

Ritterorden 14

Wappenkunde 16

DIE ZEIT DER BURGEN 18

Der Burgenbau 20

Spuren in Ruinen 22

Eine Stadtburg 24

Tore und Mauern 26

Markttag 28

Befestigungen 30

DER RITTERLICHE HAUSHALT 32

Essen und Trinken 34

Die Küche 36

Die Große Halle 38

Häusliches Leben 40

Sauber und gesund 42

Im Wandel der Mode 44

Die Kapelle 46

Jagd und Falknerei 48

Das Turnier 50

Copyright © 2007 Tessloff Verlag, Nürnberg (deutsche Ausgabe)
Copyright © 1995, 1998, 2006 Kingfisher Publications Plc
(Originalausgabe)

Published by arrangement with Kingfisher Publications Plc
Originaltitel: „The Medieval World"

Alle Rechte vorbehalten. Kein Teil dieses Werkes darf ohne
schriftliche Einwilligung des Verlages in irgendeiner Form
(durch Fotokopie, Mikrofilm oder ein anderes Verfahren)
reproduziert oder unter Verwendung elektronischer
Systeme verarbeitet, vervielfältigt oder verbreitet werden.

ISBN 978-3-7886-1492-8

Fachberatung: Brian Davison, Christopher Gravett
Index: Sue Lightfoot
Deutsche Übersetzung: Sabine Goehrmann,
Philip Stuhlmann
Gedruckt in Singapur

AUF IN DIE SCHLACHT 52

Die Kriegsrüstung 54

Tödliche Waffen 56

Tiere im Kampf 58

Offene Feldschlacht 60

Freigekauft 62

Belagert! 64

Angriff! 66

Ende der Belagerung 68

Konflikte 70

Heilige Kriege 72

Ritt nach Osten 74

Schlachtfelder 76

ENDE DER RITTERZEIT 78

Andere Ritter 80

Rittererzählungen 82

NACHSCHLAGETEIL

Burgen in der Geschichte 84

Ritter und Schurken 86

Ritter in der Dichtung 88

Glossar 90

Register 92

Bildnachweis 96

500 n. Chr.	800	1096
Frühes Mittelalter	Aufkommen berittener Berufssoldaten	Zeitalter der Kreuzzüge

Die ersten Ritter

Schon im frühen Mittelalter wurde zu Pferde gekämpft, doch erst nach dem 9. Jahrhundert galten berittene Soldaten als Spezial- oder Elitetruppen. Sie spielten nun eine Schlüsselrolle in den Machtkämpfen ihrer Dienstherren.

▼ Im Morgengrauen werden vor über 900 Jahren normannische Schiffe auf einen flachen Sandstrand gezogen. Männer schleppen Vorräte durch die Wellen und führen wiehernde Pferde an Land. Da die Ritter jederzeit mit einem Angriff rechnen müssen, machen sie ihre Waffen und Schilde so schnell wie möglich einsatzbereit.

Die Normannen waren Wikinger, wilde Krieger aus Skandinavien, die in zahlreichen Raubzügen 911 Nordfrankreich als Lehen erhalten hatten. Auch in anderen Teilen Europas setzten sich Normannen fest. Im Jahre 1066 eroberten sie England und 1072 Sizilien. Ihre Ritter waren gut trainiert, abenteuerlustig und oft brutal.

291	1453	1500
Blütezeit des Rittertums	Ende des Mittelalters	

Steigbügel

Die berittenen Krieger verdankten ihre Schlagkraft vor allem den Steigbügeln, einer chinesischen Erfindung aus dem 8. Jahrhundert. In ihnen konnte sich der Reiter fest abstützen, wenn er beim Angriff mit der Lanze zielen oder mit dem Schwert kämpfen wollte.

▲ Der „Teppich von Bayeux" ist ein langes gesticktes Wandbild mit Szenen von der Unterwerfung Englands durch die Normannen im Jahre 1066. Nach seinem Sieg wurde der Normannenherzog Wilhelm König. Seine treuen Ritter belohnte er, indem er ihnen Land als Lehen schenkte, sodass viele von ihnen in England sesshaft wurden.

DIE ZEIT DER RITTER

Stell dir vor, du würdest eine Zeitreise zurück ins Mittelalter unternehmen. Zwei große Heere stehen sich gegenüber. Ein Krieger in glänzender Rüstung greift zu seinem Schwert, während sein Streitross den Boden stampft. Plötzlich ertönt ein Befehl und die Ritter stürmen los ... Ritter waren berittene Berufskrieger, die ihrem Dienstherrn oder König Treue geschworen hatten. Sie waren den zu Fuß kämpfenden Soldaten weit überlegen. Obwohl sie zum Dienen verpflichtet waren, wurden sie bald mächtig und angesehen. Mit der Zeit entwickelten sie eine eigene, adelsähnliche Lebensweise und ritterliche Ideale.

Steigbügel

Das Mittelalter

Der Ritter lebte in einer Gesellschaft, die ganz anders war als unsere heute. An der Spitze eines jeden Landes stand ein Herzog, Fürst, König oder Kaiser. Man glaubte, er allein habe das gottgewollte Recht zu herrschen. Der Herrscher gab den Adligen seines Landes Privilegien und Grundbesitz und dafür dienten sie ihm und zogen im Kriegsfall für ihn ins Feld.

▲ Wer Grundbesitz zum Lehen erhielt, war ein so genannter Vasall. Er musste seinem Lehnsherrn einen Treueid leisten. Das Gesellschaftssystem beruhte auf dem Treueverhältnis zwischen Lehnsherrn und Vasall. Hier schwört Jean de Sainte-Marie König René von Frankreich die Treue.

▶ Ein Ritter wartet auf frische Pferde, die ihm von der Burg gebracht werden. Andere Reisende haben sich ihm und seiner Familie angeschlossen, um in deren Schutz weiterzureisen. Unter ihnen sind ein Priester und ein Mönch sowie ein Pilger und ein Richter.

Mühsal

Arme Leute waren Hörige und hatten kaum Rechte. Sie mussten den Boden bestellen und durften ihr Dorf nicht verlassen. Mit ihrer Ernte versorgten sie den Dienstherrn, dessen Familie und Gefolgsleute. Dafür war dieser für ihren Schutz verantwortlich.

▶ Die frühen Burgen wurden auf Erdhügeln errichtet. Sie waren aus Holz und fingen leicht Feuer. Darum wurden ab dem 12. Jahrhundert zunehmend Steinburgen gebaut. Hier konnten sich Herren und Dorfbewohner sicher fühlen.

◀ Arme Leute verbrachten ihr ganzes Leben mit der Feldarbeit und der Versorgung des Viehs. Doch im Jahre 1348 starben in Europa sehr viele Menschen an einer furchtbaren Seuche, der Pest. Es gab nun weniger Arbeitskräfte, und das bedeutete, dass sie für ihre Arbeit Lohn verlangen konnten.

▲ Die Armen hatten kaum Aussicht auf ein besseres Leben. Doch im späteren Mittelalter verbesserten manche ihre Chancen, indem sie eine Schule besuchten oder ein Handwerk erlernten. Diese Menschen, darunter Kaufleute und Rechtsgelehrte, konnten es sich leisten, geschäftlich zu reisen oder sogar eine Pilgerfahrt zu unternehmen, was damals unserer heutigen Feriengestaltung am nächsten kam.

Wenn ein König nicht gerecht herrschte, konnte ein mächtiger Adliger den Thron an sich reißen. Ebenso war aber auch ein Ritter einem Lehnsherrn nicht verpflichtet, der seine Treuepflicht ihm gegenüber brach. Dieses Gesellschaftssystem, das „Feudalsystem", begann im Lauf des Mittelalters zu zerfallen. Es war auf Landbesitz gegründet, doch mit der Zeit wurde Geld wichtiger. Könige brauchten Geld, um Kriege zu führen. Sie liehen es sich von Bankherren, die bald reicher waren als Könige.

Krise in der Christenheit

Im Mittelalter bestand Europa aus vielen kleinen Königreichen, Fürstentümern und Herzogtümern, die untereinander um die Macht stritten. Englische Könige herrschten über weite Gebiete Frankreichs. Deutsche Kaiser verbrachten ebenso viel Zeit in ihren italienischen Besitzungen wie in ihrem eigenen Land. Das Byzantinische Reich erstreckte sich von der heutigen Türkei bis nach Griechenland.

▼ Muslimische Araber hatten bis 705 ganz Nordafrika erobert. Dem ersten muslimischen Angriff auf Spanien im Jahre 711 folgten zwei weitere maurische Eroberungswellen im Jahre 1087 und 1147. Die Mauren bauten dort prächtige Paläste, und Städte wie Córdoba wurden Zentren der Gelehrsamkeit, wo Muslime, Juden und Christen friedlich miteinander lebten. Es dauerte über 700 Jahre, bis christliche Ritter ganz Spanien zurückeroberten.

▶ Im 12. Jahrhundert machten die Normannen, die 1066 in England eingefallen waren, neue Eroberungen in Wales, Schottland und Irland. Durch Heiratspolitik der Königshäuser und Eroberungen dehnte sich der englische Herrschaftsbereich über weite Gebiete Frankreichs aus.

▲ Im Jahre 1095 predigte Papst Urban II. in Clermont in Frankreich. Er rief die Ritter der gesamten Christenheit zum heiligen Krieg, zum Kreuzzug gegen die Sarazenen, auf.

▶ Rom war der Mittelpunkt der Christenheit in Westeuropa. Hier residierte der Papst, der als Gottes Stellvertreter auf Erden galt.

Europa im Mittelalter

Um 1100 gab es die meisten der heutigen Staaten noch nicht. Die Menschen fühlten sich ihrem Lehnsherrn eher als ihrem Volk verbunden.

Alle diese Länder waren durch den christlichen Glauben miteinander verbunden. Überall grenzte die Christenheit an Völker anderen Glaubens. Muslimische Araber und Berber, die Mauren, herrschten über einen großen Teil Spaniens und über Nordafrika. Ihre muslimischen Glaubensbrüder im Osten, bei den Christen als Sarazenen bekannt, schlossen Araber, Türken und Kurden ein. Wilde Krieger aus Zentralasien, die Tataren oder Mongolen, griffen Osteuropa an.

Um 1206 hatte ein Herrscher aus Zentralasien, Dschingis Khan, alle mongolischen Stämme geeint. Schon bald ritten seine Krieger gen Westen und verwüsteten Russland, Polen und Ungarn.

▼ **Jerusalem und die umliegenden Länder waren für Christen, Muslime und Juden gleichermaßen heilig. Ab 1096 aber war das Heilige Land Schauplatz der Kreuzzüge. In diesen blutigen Kriegen kämpften christliche Ritter mit Sarazenen um die Vorherrschaft.**

▶ **Reisen war im Mittelalter kein Vergnügen. Die guten Straßen des Römischen Reiches waren zerfallen. Pferde und Fuhrwerke mussten sich auf schlammigen oder staubigen Wegen vorwärtsmühen. Auf See drohten den Schiffen Gefahren wie Stürme und Piraten.**

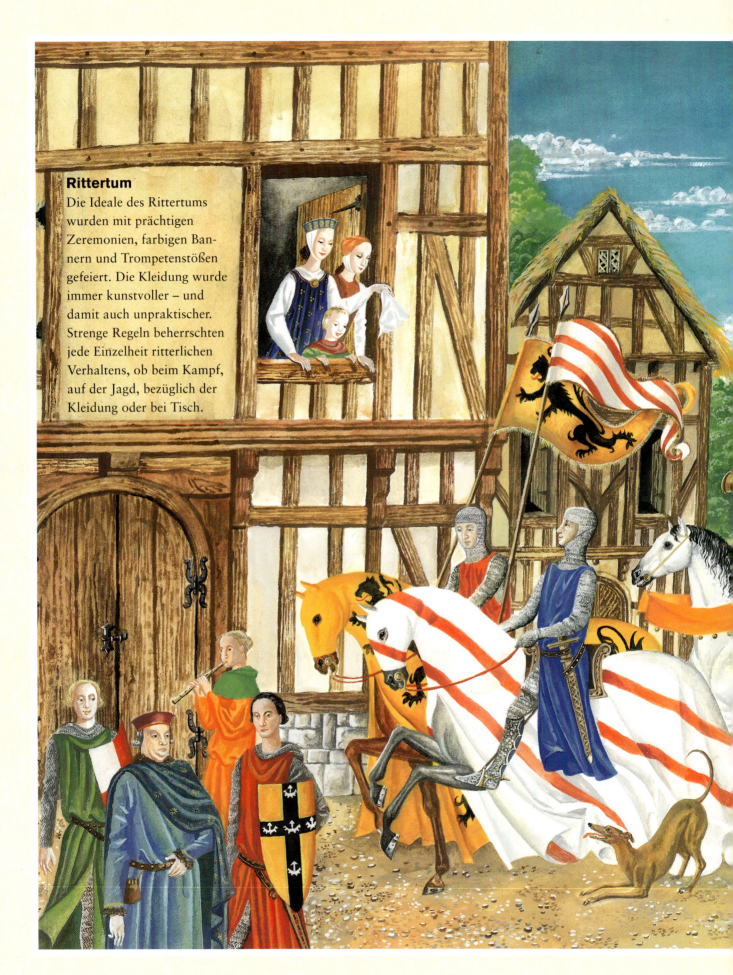

Rittertum

Die Ideale des Rittertums wurden mit prächtigen Zeremonien, farbigen Bannern und Trompetenstößen gefeiert. Die Kleidung wurde immer kunstvoller – und damit auch unpraktischer. Strenge Regeln beherrschten jede Einzelheit ritterlichen Verhaltens, ob beim Kampf, auf der Jagd, bezüglich der Kleidung oder bei Tisch.

Das Rittertum

▼ Ritter reiten mit ihren Gefolgsleuten durch die Straßen einer französischen Ortschaft. Aus Anlass einer Hochzeitsfeier sind sie zum Hof ihres Lehnsherrn geladen. Eine adlige Dame betrachtet die Vorüberziehenden. Sie freut sich schon auf die Bankette und Festlichkeiten, die auf der Burg stattfinden werden. Vielleicht kann sie eine reiche Partie für ihre Tochter arrangieren oder einen vornehmen Herrn für sich selbst gewinnen.

Bei großen Ereignissen wie der Feier zum Ritterschlag oder einem Turnier versammeln sich die Vasallen des Lehnsherrn und schwören ihm Treue. Auch bietet sich Gelegenheit, über Neuigkeiten von nah und fern, über Nahrungsvorräte und Waffen sowie über Waffengänge und Verteidigung zu sprechen.

Anfangs waren Ritter einfach nur Krieger zu Pferde, doch etwa vom 11. Jahrhundert an mussten sie sich an bestimmte Gebote und Tugenden halten, zu denen Treue, Gehorsam und Schutz der Schwachen zählten. Unter dem Einfluss christlicher Bildung wurde von Rittern nun höfisches und vornehmes Benehmen erwartet – höfisch, weil sie ihr Leben an den Höfen, also auf Burgen der Mächtigen und Reichen, zubrachten. Sie sahen sich als einer adligen, höheren Schicht des Volkes angehörend. Zwar fühlten sich die Ritter den ritterlichen Idealen verpflichtet, Brutalität, Raub und Erpressung wurden aber deswegen nur selten verhindert.

Höfische Liebe

Dieser Schild wurde 1475 aus Anlass eines Turniers in Flandern gefertigt. Dargestellt ist ein Ritter, der einer Dame seine Treue schwört. Frauen hatten im frühen Mittelalter kaum Rechte, doch Ritterlichkeit verlangte, dass edle Damen ehrerbietig behandelt und beschützt wurden. Diese „höfische Liebe" – oder Minne – hatte wenig mit Liebe oder Ehe zu tun. Sie war ein romantisches Ideal, das zuerst von Dichtern in der Bretagne, in Südfrankreich und im maurischen Spanien besungen wurde.

Der Page
Die Erziehung zum Ritter begann früh. Schon im Alter von sieben Jahren wurde das Kind als Page auf eine andere Burg geschickt, um dort bei Tisch zu bedienen und gute Manieren zu erlernen.

Der Ritterschlag

Wer Ritter werden wollte, musste ein Mann sein, wenn auch manchmal Frauen an Kreuzzügen teilnahmen. Er musste einer adligen Familie entstammen, wobei manch einer über seine Herkunft nicht unbedingt die Wahrheit sagte. Man brauchte Geld oder Grundbesitz, denn es war kostspielig, ein Ritter zu sein. Oft versuchte ein ehrgeiziger junger Mann, in eine Adelsfamilie einzuheiraten, um zu Ansehen und Vermögen zu gelangen. Nicht zuletzt musste der zukünftige Ritter sich im Kampf bewähren.

Spore
Schwert

◀ Kindliche Spiele dienten der Vorbereitung auf das ritterliche Kampfverhalten.

▼ Das erste Pferd eines Knaben war oft aus Holz und hatte Räder. Seine erste Lanze war vielleicht ein Besenstiel.

▲ Der heranwachsende Page lernte vor allem reiten und den Kampf zu Pferde. Dann übte er den Lanzenangriff auf eine Stechpuppe, ein Holzgerüst, das herumschwang und ihn vom Pferd stieß, wenn er zu langsam und ungeschickt war.

12

Wer zum Ritter ernannt wurde, dem berührte ein anderer Ritter beim „Ritterschlag" die Schulter mit der Schwertklinge (oder schlug ihm bei einer älteren Zeremonie mit der flachen Hand auf den Nacken). Zum Pfingstfest 1306 veranstaltete König Eduard I. von England ein großes Fest, bei dem er seinen ältesten Sohn zum Ritter erhob. Dieser wiederum schlug rund 300 junge Adlige zu Rittern.

Johanna von Orléans
Im Jahre 1429 befreite ein einfaches Bauernmädchen das von den Engländern belagerte Orléans und führte die Franzosen in voller Rüstung in die Schlacht. Johanna glaubte sich von „göttlichen Stimmen" dazu berufen, Frankreich zu retten und den rechtmäßigen König von Frankreich wieder einzusetzen. Später wurde sie gefangen gesetzt und als Hexe verbrannt.

▼ Im Burghof lernten die jungen Pagen unter der Aufsicht eines erfahrenen Lehrmeisters den geschickten Umgang mit hölzernen oder stumpfen Waffen. Zu ihrer Ausbildung gehörten auch das Schwimmen und der Faustkampf.

Der Knappe
Mit etwa 14 Jahren wurde aus dem Pagen ein Knappe. Zu seinen Pflichten gehörte es nun, dem Ritter beim Anlegen der Rüstung zu helfen und mit ihm in den Kampf zu ziehen.

Der Ritter
Nach etwa vierjähriger militärischer Erfahrung konnte der Knappe zum Ritter erhoben werden. Oft verbrachte der Knappe die Nacht davor betend vor dem Altar. Bei der am Morgen folgenden, feierlichen „Schwertleite" erhielt der junge Ritter Waffen und goldene Sporen als Symbole des Rittertums.

Ritterorden

◀ Ein Ritter des Deutschen Ordens wacht über das Ordensland an der Weichsel. Im 13. Jahrhundert vereinigte sich der Deutsche Orden, der während der Kreuzzüge gegründet worden war, mit dem Schwertbrüderorden von Livland und kämpfte in Zentral- und Osteuropa.

Viele der Ritter, die am Kampf gegen die Ungläubigen teilnahmen, schlossen sich zu Gemeinschaften zusammen. Sie orientierten sich an Mönchsorden und forderten von ihren Mitgliedern die Mönchsgelübde. Die drei berühmtesten Ritterorden entstanden während der Kreuzzüge im Heiligen Land. Der Johanniterorden wurde im Jahre 1099 gegründet. Der Templerorden folgte 1119. Der Deutsche Orden entstand um das Jahr 1190.

▼ Der französische König Philipp der Schöne wollte das Vermögen des Templerordens für sich selbst. Er beschuldigte die Templer der Zauberei und Hexerei und ließ sie in den Jahren 1307 bis 1314 verhaften, foltern und töten. 1314 wurde der Großmeister der Templer, Jacques de Molay, verbrannt.

Alle drei Orden bauten Burgen, kämpften gegen die Sarazenen und wurden bald sehr mächtig und reich. Viele Herrscher fürchteten die Macht der geistlichen Ritterorden. So gründeten sie ihre eigenen weltlichen Ritterorden, wie den Hosenbandorden in England, den Annunziatenorden in Savoyen und das Goldene Vlies in Burgund. Die Mitgliedschaft in diesen Orden war für Ritter ehrenhaft.

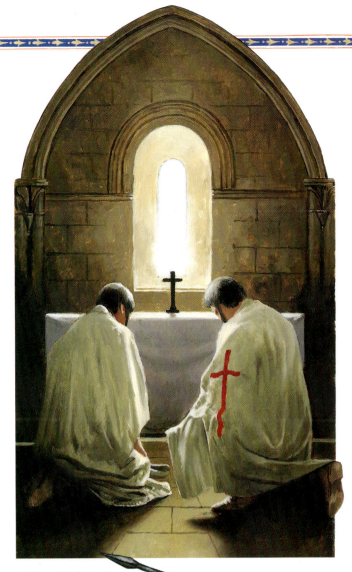

◀ Die Templer waren von Anfang an ein kämpferischer Orden, doch spielte das Gebet in ihrem Tagesablauf stets eine große Rolle. Ihr Name leitet sich vom Sitz ihres Ordens in einem Flügel des Königspalastes von Jerusalem ab, wo vermutlich einst der Salomonische Tempel stand. Die Ritter waren überwiegend Franzosen, doch gab es auch Ordenshäuser in Spanien und auf den Britischen Inseln.

▼ Unter seinem Helm und Kettenhemd schwitzend, reitet ein Ritter der Johanniter mit gesenkter Lanze gegen die Sarazenen. Der Johanniterorden begann als geistlicher Orden, der sich dem Gebet und der Pflege verwundeter und erkrankter Kreuzritter und Pilger widmete. Oft nannte man die Johanniter nach den von ihnen in Jerusalem errichteten Hospitälern auch Hospitaliter.

▼ Obwohl die bedeutendsten Ritterorden im Heiligen Land gegründet worden waren, breiteten sie sich später in ganz Europa aus. Auch Spanien hatte viele Orden, deren Ziel die Bekämpfung der Mauren aus Nordafrika war.

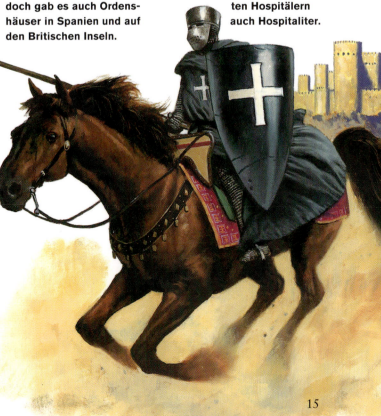

Hermelin — **Eisenhutfeh** — **gespalten** — **geteilt** — **schräg geteilt** — **Spitze** — **kreuzförmig** — **Schrägkreuz**

Wappen wurden vom Vater auf den ältesten Sohn vererbt. Sie entwickelten sich zu Familienwappen und waren Zeichen edler Geburt. Sie schmückten Siegel, mit denen Urkunden beglaubigt wurden, und sind noch heute in den Sälen von Burgen oder Schlössern oder auf mittelalterlichen Grabmälern zu sehen. Die Regeln der Wappenkunde wurden in allen Einzelheiten festgelegt. Jede Farbe, jedes Muster, jede Figur hatte eine bestimmte Bezeichnung oder „Blasonierung". Nach den Herolden, die die Wappen für ihre fürstlichen Herren trugen, nennt man die Wappenkunde auch Heraldik.

▲ Fünf Grundfarben oder Tinkturen wurden in der Heraldik verwendet, dazu die Metallfarben Gold und Silber. Auch gab es Muster, die sich an tierischen Fellen orientierten – darunter Hermelin und Zobel. Eine Metallfarbe war nur auf einer Tinktur erlaubt und umgekehrt. Blau und Gold waren in Frankreich und Schwarz und Gold in Deutschland beliebte Farben. Das „Feld" konnte durch gerade oder gekrümmte Linien unterteilt werden. Gegenständliche Wappenbilder wie Tiere oder Pflanzen hießen „gemeine Figuren", ungegenständliche, die aus Linien und Mustern bestanden, „Heroldsbilder".

geständert

geschacht

▲ Auf dieser Darstellung aus einem mittelalterlichen Manuskript gehen Ritter des Heiligen Geistes an Bord eines Kreuzfahrerschiffes. Ihre Wappen sind auf flatternden Bannern und großen Schilden zu sehen.

Balken, gekerbt

Pfahl, Wolkenschnitt

schräg links geteilt, gezackt

schräg rechts, Zinnenschnitt

Linker Schrägbalken – zeigt an, dass der Sohn unehelich ist

Unehelicher Sohn

◀ Das Wappen galt zwar für die ganze Familie, doch konnten die einzelnen Mitglieder voneinander unterschieden werden. Innerhalb der Familie waren die Kinder oder die Generationen durch bestimmte Symbole erkennbar. Das System war von Land zu Land unterschiedlich. Diese sechs Personen sind alle Kinder des englischen Grafen von Westmoreland. Jedes hat sein eigenes Zeichen.

Der Herold

Der Herold stand im Dienst eines Fürsten oder Königs und verfügte über große Kenntnisse in der Wappenkunde. In der Schlacht überbrachte er Botschaften zwischen feindlichen Heeren und identifizierte gefallene Ritter.

Feld — **Schrägkreuz** — **Kreuz** — **Spitzpfahl** — **Sparren** — **Pfahl** — **Balken** — **Schildhaupt**

DIE ZEIT DER BURGEN

Das große Zeitalter der Burgen begann vor etwa 1000 Jahren und dauerte fast 500 Jahre. In diesen Jahrhunderten entstanden in ganz Europa und im Nahen Osten über 15 000 Burgen. Sie erhoben sich über dem Rhein in Deutschland und der Seine in Frankreich. Sie bewachten Gebirgspässe in Schottland und Wales, und sie wurden belagert in der glühenden Hitze Spaniens, Siziliens und Syriens.

Kreuzfahrerburg
Krak des Chevaliers war ursprünglich eine arabische Festung. Während der Kreuzzüge wurde die Burg von christlichen Rittern erobert und neu erbaut. Die Kreuzzüge waren Eroberungskriege, die die Christen im 11. und 12. Jahrhundert gegen die muslimischen Sarazenen führten.

▼ Krak des Chevaliers war ein militärischer Stützpunkt, der über 2000 Menschen Platz bot. Seine mächtigen Befestigungen überstanden zwölf Belagerungen, bevor die Burg 1271 endgültig zurückerobert wurde.

▲ In Friedenszeiten gaben der Burgherr und seine Gemahlin große Feste und trugen ihre prächtigsten Gewänder.

Die meisten Burgen wurden in einer Zeit errichtet, als Könige und Fürsten fast ständig Kriege gegeneinander führten. Die mächtigen Festungen sollten das umliegende Land beherrschen und beschützen. Von hier aus konnte der Burgherr mit seinen Truppen den Angriffen fremder Heere besser Widerstand leisten oder sich hinter den trutzigen Mauern verschanzen. Aber eine Burg war mehr als eine Festung, sie war eine kleine Welt für sich. Oft umfasste sie eine prächtige Halle, komfortabel eingerichtete Räume und eine schöne Kapelle. Sie war der Wohnsitz des Burgherrn, seiner Familie und seiner Gefolgsleute – die hier ein stilvolles Leben führten und sich sicher fühlten.

Der Burgenbau

Wir schreiben das Jahr 1290, als mit dem Bau einer großen steinernen Burg begonnen wird. Es gibt noch keine elektrischen Bohrmaschinen oder Bulldozer wie auf modernen Baustellen. Das meiste ist Muskelarbeit. Zimmermänner sägen Holz und bauen die Gerüste. Schmiede fertigen und reparieren Werkzeug. Steinmetze schneiden Steine, und die Arbeiter wuchten die schweren Lasten fluchend und ächzend in die Höhe, mischen Mörtel für das Mauerwerk und heben Gräben aus.

Steinmetzzeichen

Jeder Steinmetz hatte sein Zeichen. Er brachte es oft auf den von ihm bearbeiteten Steinen an, so wie ein Maler seine Bilder signiert. Außerdem diente das Zeichen zur Lohnabrechnung.

Der Mauerbau

Das Baugerüst wurde aus Holz errichtet (1). Dazu stieß man Querbalken in Öffnungen im Mauerwerk, die so genannten Rüstbalkenlöcher (2). Zur Verstärkung wurde der Zwischenraum zwischen Außen- und Innenmauer mit Bruchstein, einer Mischung aus Steinbrocken und Mörtel, ausgefüllt (3). Die Hauptmauern waren zwischen 3 und 5 Meter dick.

Baumeister

Ein Baumeister entwarf den Plan für die Burg und beaufsichtigte die Bauarbeiten (4). Ihm unterstanden die Steinmetze, die die Steine bearbeiteten (5), und die Maurer, die die Mauern bauten (6).

Der Lastentransport

An Winden und Flaschenzügen wurden Eimer mit Baumaterial und Balken hochgezogen (7). Schwere Steine hievte man mit einem Tretradkran hoch, der von einem im Innern des Rades laufenden Mann bewegt wurde (8).

Arbeitskräfte

Eine ganze Armee von Arbeitern wurde beim Burgbau eingesetzt. 1295 waren 30 Schmiede, 400 Maurer und 2000 Bauarbeiter, darunter Steinbrecher und Brunnenbauer, beim Bau der Burg Beaumaris in Wales im Einsatz.

Bauarbeiter

Zimmermann

Schmiede

Steinmetz

Vor etwa 1000 Jahren wurden Burgen aus Holz gebaut. Doch bald wurden sie aus Stein errichtet und waren damit schwieriger zu erobern und konnten nicht so leicht niedergebrannt werden. Die Planung dieser Steinburgen wurde sorgfältig vorbereitet. Baumaterial und Baugeräte mussten auf dem Fluss, übers Meer oder zu Lande herbeigeschafft und Arbeitskräfte angeworben werden. Es konnte zehn und manchmal sogar zwanzig Jahre dauern, bis eine Burg fertig war, und ihr Bau konnte nach heutigen Maßstäben viele Millionen Euro kosten.

Werkzeug

Ein Zimmermann benutzte eine Axt (9), eine Bohrkurbel (10), eine Säge (11) und eine Spannsäge (12). Ein Steinmetz brauchte eine Steinmetzaxt (13), einen Meißel (14) und einen Hammer (15).

Spuren in Ruinen

Heute sind die meisten Burgen unbewohnt, oder es blieben nur noch Ruinen von ihnen übrig. Ihre Verteidigungsanlagen sind zerstört, ihre Mauern kahl, und in ihren großen Hallen ist nur das Säuseln des Windes zu hören. Doch mit ein wenig Spürsinn lässt sich anhand dieser Überreste nachvollziehen, wie eine Burg im Mittelalter ausgesehen hat.

1 Der Bergfried
Der Bergfried ist meist leicht zu finden – es ist das größte Gebäude im Innern der Burg. Die Außenmauern waren früher vermutlich mit Kalk weiß getüncht, um den trutzigen Eindruck der Burg noch zu verstärken.

2 Steinmauern
In manchen Burgen kann man noch heute Spuren von Farben an den Innenmauern entdecken. Die Mörtelschicht der Wände war früher mit kräftigen bunten Farben bemalt oder mit prächtigen Teppichen behangen.

3 Das Torhaus
Kehlen, die in die Mauern des Eingangstors gehauen sind, zeugen noch heute von dem Fallgatter, einem schweren Holzgitter, das hier herabgelassen werden konnte, um den Durchgang zu versperren. Hinter dem Fallgatter befand sich ein Paar schwere hölzerne Türflügel.

Warum stehen heute von vielen Burgen nur noch Ruinen? Mit dem Ende des 15. Jahrhunderts wurden Fehden auf offenem Felde ausgefochten; es ging nicht mehr um die Eroberung von Burgen. Darum bestand für Könige und Adlige kein Grund mehr in befestigten Wohnstätten zu leben. Sie zogen nun in bequemere Landsitze, und die Burgen standen leer und verfielen mit der Zeit.

4 Feuerstellen
Hoch oben im Mauerwerk sieht man noch heute die Reste von Feuerstellen. Darunter kann man oft Reihen kleiner viereckiger Löcher entdecken. In ihnen waren die Balken eingelassen, auf denen die Dielen der Fußböden verlegt waren.

5 Die Burgkapelle
Wo lag die Burgkapelle? Man erkennt sie an den Bogenfenstern, schön behauenen Steinen und einem Steinbecken in einer der Wände. Dieses Becken enthielt vermutlich Wasser zur Reinigung des Kelches, der während des Gottesdienstes benutzt wurde.

6 Befestigte Mauern
Sind noch Löcherreihen in der Außenmauer zu erkennen? In Kriegszeiten wurden durch diese Löcher Balken geschoben, die hölzerne, überdachte Gerüste, Hurden genannt, trugen.

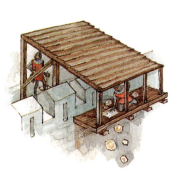

7 Wendeltreppen
In den Türmen sieht man die Wendeltreppen, die in das dicke Mauerwerk eingebaut waren. Sie waren rechtsdrehend, sodass ein feindlicher Ritter, der sich nach oben durchkämpfen wollte, mit dem Schwert in der rechten Hand nur wenig Bewegungsfreiheit hatte.

8 Der Burggraben
Vielleicht gibt es noch einen ausgetrockneten, grasüberwachsenen Graben? Einst war er mit Wasser gefüllt und war ein schwer zu überwindendes Hindernis für den Feind.

Invasion

Nachdem König Eduard I. von England 1277 in Wales eingedrungen war, errichtete er entlang der Küste acht neue Burgen. Fünf dieser Burgen entstanden zusammen mit einer Stadt. Eine der bekanntesten dieser Burgstädte ist Conwy, mit deren Bau 1283 begonnen und die in nur vier Jahren vollendet wurde.

Feuer!

Im Jahre 1401 wurde die Stadt Conwy von den Walisern niedergebrannt, aber die Mauern der Burg und der Stadt stehen noch heute.

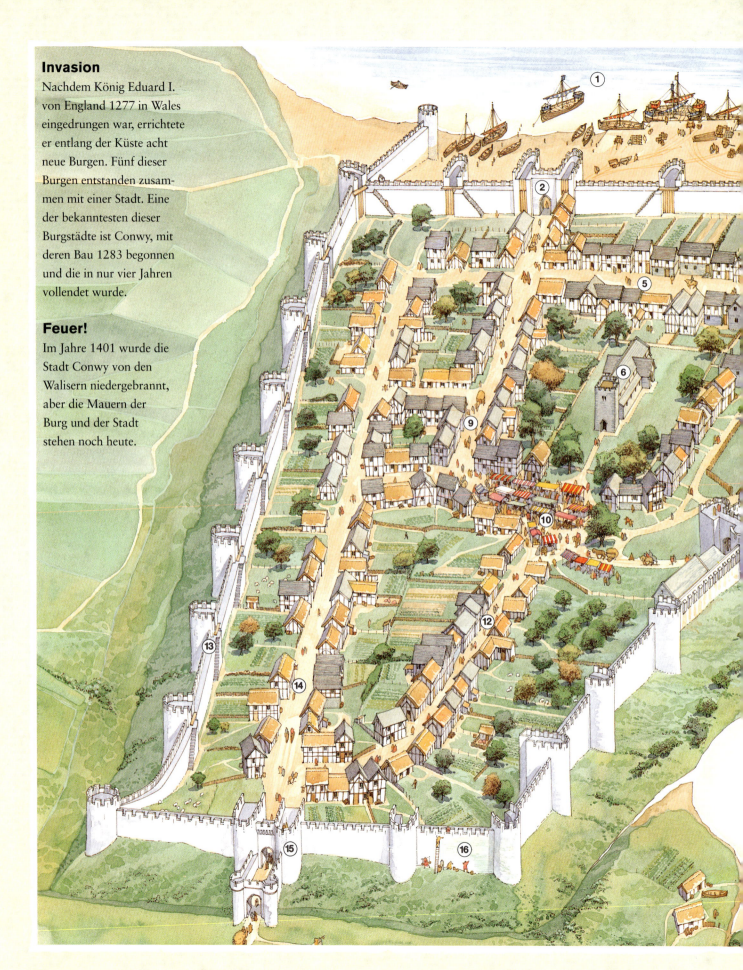

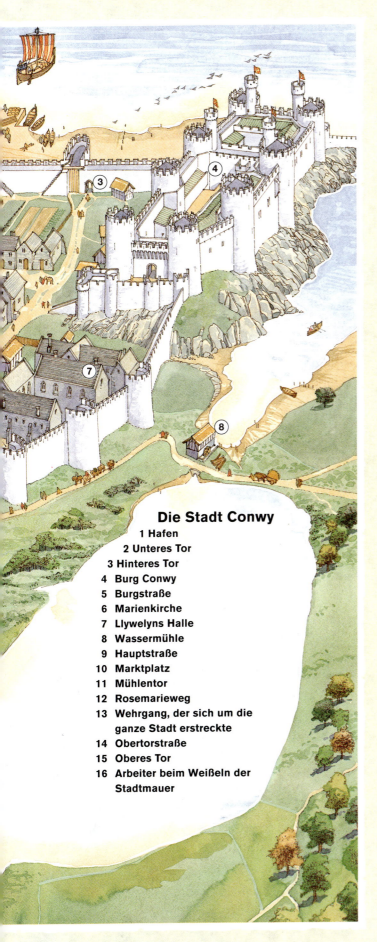

Die Stadt Conwy
1. Hafen
2. Unteres Tor
3. Hinteres Tor
4. Burg Conwy
5. Burgstraße
6. Marienkirche
7. Llywelyns Halle
8. Wassermühle
9. Hauptstraße
10. Marktplatz
11. Mühlentor
12. Rosemarieweg
13. Wehrgang, der sich um die ganze Stadt erstreckte
14. Obertorstraße
15. Oberes Tor
16. Arbeiter beim Weißeln der Stadtmauer

Eine Stadtburg

Viele Städte waren im Mittelalter von einer Burg geschützt. Manchmal wurde die Burg erst gebaut, als die Stadt schon lange gewachsen war. Manchmal entstand die Stadt vor den Mauern einer bereits bestehenden Burg. In neu eroberten Ländern wurde jedoch meist der Bau einer Burg und einer Stadt als Einheit geplant und ihre Mauern gleichzeitig hochgezogen. In diesen neuen Städten ließen sich meist Siedler nieder, die dem Burgherrn treu ergeben oder von ihm abhängig waren.

Baumeister

Eduard I. nahm den größten Burgenbauer in Europa, Meister Jacques de Saint Georges aus Savoyen (das heute zu Frankreich gehört), in seine Dienste. Meister Jacques war für den Bau aller Burgen verantwortlich, die Eduard I. in Nordwales errichtete. Er plante die Burg Conwy so, dass ihre trutzigen Mauern in die Verteidigungsmauern der Stadt übergingen.

▲ Wichtige Städte besaßen ein eigenes Siegel. Das hier abgebildete Siegel von Conwy stammt aus der Zeit um 1320.

Tore und Mauern

In unruhigen Zeiten war das Torhaus einer Stadtburg ständig mit Mannschaften besetzt, die Tag und Nacht Wache gingen. Die Wachsoldaten nahmen ihre Aufgabe sehr ernst; sie durchstöberten Karren und Körbe und stellten fremden Reisenden unliebsame Fragen. Händler, die auf dem Weg zum Markt waren, mussten die Wachen wahrscheinlich bestechen – mit einem Krug Bier, einer Pastete oder auch einer Silbermünze – und ein unwillkommener Besucher konnte mit einem Pfeil in der Kehle rechnen.

◀ Das Wappen der Stadt Lancaster in England.

Unabhängigkeit
Die Burgstädte führten das Wappen des Burgherrn über ihren Toren. Einige Städte hatten aber auch ihr eigenes Wappen und zeigten damit deutlich, dass ihre Bewohner nicht im Schatten einer Burg oder eines Burgherrn lebten. Die Städter zahlten dem Herrn Steuern und erhielten dafür ihre Freiheit. Diese Städte waren gewöhnlich mit hohen Mauern und Torhäusern befestigt und hatten sogar ein kleines Heer.

▲ London war von Verteidigungsmauern umgeben und vom „Tower", dem mächtigen Torhaus, beschützt.

Eine Großstadt
Anfang des 14. Jahrhunderts hatte London 80 000 Einwohner und war damit eine der größten Städte Europas. Andere Städte hatten meist nicht mehr als 2000 Einwohner.

Ausgangssperre
Bei Einbruch der Nacht ertönte eine Glocke. Die Tore der Stadt wurden geschlossen und verbarrikadiert. Bis zum Morgengrauen konnte dann niemand in die Stadt gelangen oder sie verlassen. Der Glockenschlag war für die Stadtbewohner auch das Zeichen, dass sie ihre Feuerstellen mit kuppelförmigen Tonschalen bedecken und zu Bett gehen sollten.

▶ Da innerhalb der Stadtmauern nicht genug Garten- und Weideland zur Verfügung stand, kauften die Städter Nahrungsmittel bei den Bauern der Umgebung.

Verteidigungsanlagen der Stadt

In Kriegszeiten musste ein feindlicher Angreifer erst die Verteidigungsanlagen der Stadt überwinden, bevor er zur Burg gelangte. Da sich die Verteidigungsanlagen von Burg und Stadt glichen, war dies nicht einfach. Bewaffnete Soldaten standen auf den langen Wehrgängen der Stadt, und die Torhäuser konnte man mit schweren, hölzernen Fallgattern versperren, die überdies mit Eisen verstärkt waren. Durch schmale Schlitze, die Schießscharten, schossen Bogenschützen ihre Pfeile ab.

Die Häuser der Stadt

Die meisten Häuser waren im Fachwerkbau errichtet. Die Zwischenräume zwischen den Balken wurden mit einem Flechtwerk ausgefüllt. Dieses bestand aus verschränkten Zweigen und Halmen, die mit Lehm verschmiert wurden (1).

Markttag

In den meisten Burgstädten fand ein- bis zweimal wöchentlich ein Markt statt. An einem solchen Tag drängten sich auf dem Hauptplatz die Menschen, und die Händler priesen laut ihre Waren an. Kunden konnten alles kaufen, von Kerzen, Schuhen und Messern bis zu einem erfrischenden Schluck Bier. Mehrmals im Jahr fand auch eine Messe statt, die größer als ein Markt war und auf der viel mehr Waren angeboten wurden.

Straßenschilder

Weil nur wenige Menschen lesen konnten, hingen vor Läden und Werkstätten Schilder über der Tür, die zeigten, was verkauft wurde. So hing zum Beispiel beim Hufschmied ein Hufeisen und vor der Schenke ein grüner Busch.

Schlammige Straßen

Die Straßen waren schlammig und schmutzig, weil sie keine Abflussrohre hatten, sondern nur offene Gräben, in denen sich die Abwässer und die Abfälle sammelten (2). Meist roch es auch übel, denn der Müll wurde einfach aus den Fenstern geworfen!

Das Warenangebot

Die Waren der ansässigen Handwerker wie Geschirr (3), Taschen und Gürtel (4) wurden von diesen selbst verkauft. Luxusartikel – wie fein gewebte Stoffe (5) oder verzierte Krüge und Schüsseln (6) aus Italien – wurden von Händlern auf den Markt gebracht.

Gaukler

Auch wer sich die teuren Waren nicht leisten konnte, hatte doch immer ein paar Münzen, um Stelzenläufern und Jongleuren (7) oder vielleicht sogar einem Tanzbären (8) zuzuschauen.

Lehrlinge

Viele junge Burschen aus der Stadt gingen in die Lehre. Sie wohnten bei der Familie eines Handwerksmeisters und lernten bei ihm. Nach sieben Jahren konnten sie gehen und ihre eigene Werkstatt eröffnen.

▶ Ein Böttcher zeigt seinem Lehrling, wie man einen Reifen um ein Fass schlägt.

In vielen Städten schlossen sich die Handwerker zu so genannten Zünften und die Kaufleute zu Gilden zusammen. Diese Vereinigungen beaufsichtigten die Preise, organisierten die Ausbildung und kontrollierten die Qualität der Waren. Oft befanden sich die Werkstätten eines bestimmten Handwerks alle in einer Straße oder ein und derselben Gegend der Stadt. Noch heute zeugen die Namen mancher Straßen von dem Gewerbe, das hier betrieben wurde, wie zum Beispiel die „Schustergasse" oder der „Bäckerweg".

Geldverleiher

Adlige und oft auch Könige mussten sich nicht selten Geld leihen, um ihre Handwerker oder Fehden zu bezahlen. Manche Geldverleiher wurden so sehr reich.

▶ Münzen wurden gewogen, weil sie so viel wert waren wie ihr Gewicht.

1 Hurden

Hölzerne Schutzgerüste, die Hurden, wurden auf den Türmen angebracht. Durch Lücken im Boden konnten die Verteidiger mit Wurfgeschossen auf jeden Feind am Fuß der Mauer zielen.

2 Wehrgang

Die Mauerkrone bestand aus abwechselnd hohen und niedrigen Teilstücken. Hinter den hohen Teilstücken, den Zinnen, fanden die Verteidiger Deckung. Durch die niedrigen Teilstücke, die Zinnenfenster, konnte geschossen werden. Zur Deckung und Tarnung waren sie mit Holzklappen, den Zinnenladen, verschließbar.

3 Die Zugbrücke

Die hölzerne Zugbrücke schwang wie eine Wippe aufwärts, wenn der Zugang zur Burg unterbrochen werden sollte.

7 Befestigte Türme
Für den Fall, dass der Feind versuchte, die hölzernen Wehranlagen in Brand zu stecken, bedeckte man die Dachfläche mit nassen Tierfellen.

6 Pechnasenkranz
Der Pechnasenkranz glich der hölzernen Hurdengalerie, nur war er aus Stein. Er ragte nach vorn vor, sodass man Steine, heißes Pech oder Ätzkalk durch senkrechte Schächte werfen oder gießen konnte.

5 Das Torvorwerk
Das Torvorwerk, auch Barbakane genannt, war dem inneren Torhaus vorgelagert und von Mauern umgeben. Gelangte ein Feind bis dorthin, wurde er von den Verteidigern von allen Seiten unter Beschuss genommen.

4 Das Fallgitter
Das Fallgitter glitt in Holzkehlen auf und nieder, die zu beiden Seiten in den Mauern eingelassen waren. Es hing an Seilen und wurde durch eine Aufzugswinde im oberen Teil des Torhauses hochgezogen.

Befestigungen

 Viele Burgen wurden auf einer Anhöhe mit freier Sicht über das angrenzende Land angelegt, sodass ein Überraschungsangriff nicht in Frage kam. Näherte sich ein feindliches Heer der Burg, sah es sich den trutzigen Mauern und Türmen gegenüber. Der einzige Zugang führte über ein schwer befestigtes äußeres Torhaus, und dahinter lag ein Vorwerk zum Schutz des inneren Torhauses. Selbst wenn es den Angreifern gelang, diese Verteidigungsanlagen zu überwinden, standen noch zahlreiche weitere Tore, Mauern und Türme im Weg, bevor die Burg eingenommen werden konnte.

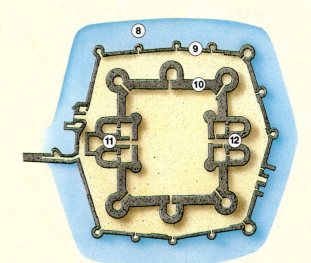

Beaumaris
Die Burg Beaumaris an der Küste von Wales war so vollkommen geplant, dass sie keinerlei Schwachpunkte bot. Der Plan oben zeigt den Burggraben (8), die Außenmauern (9), die Innenmauern (10) und zwei mächtige Torhäuser (11 und 12). Der Bau wurde 1295 begonnen, jedoch nie vollendet.

31

DER RITTERLICHE HAUSHALT

Die meisten Burgen dienten nicht nur der Verteidigung, sondern waren auch als Wohnsitze gebaut. Könige besaßen häufig mehrere Burgen und reisten von einer zur anderen. Einfachere Ritter lebten meist in kleineren, befestigten Herrenhäusern, die aber genug Platz für eine Große Halle und oft auch eine Kapelle boten.

Wie Kinder lebten
Kinder mussten bei der Arbeit im Haushalt helfen und erhielten ein wenig Unterricht.

Sie durften aber auch spielen und herumtollen. Als Spielzeug hatten sie zum Beispiel hölzerne Ritter, die sie an Schnüren bewegen konnten. Wie wir liebten sie Spiele wie Blindekuh.

▶ Dies ist ein Herrenhaus in England, das im 12. Jahrhundert erbaut und in den nachfolgenden 400 Jahren erweitert wurde. Es ist eher ein großes Landhaus als eine Burg, ist jedoch befestigt und durch einen Wassergraben geschützt.

Häuslicher Komfort

Im frühen Mittelalter war es in Burgen und Häusern oft kalt und feucht. Qualmende Feuer brannten mitten im Raum, Kamine gab es erst wenige. Glasscheiben waren ein seltener Luxus – die Fenster konnten mit hölzernen Läden und Eisenstangen geschlossen werden. Öffnete man sie, ließ man Wind und Kälte herein. Von den Aborten fiel alles direkt in den Burggraben oder in eine Jauchegrube. Erst im 15. Jahrhundert besserten sich die Verhältnisse.

Ritter lebten mit ihren Familien, mit Pagen und Knappen, Soldaten, Priestern, Dienern, Köchen und Stallknechten zusammen. Der Burghaushalt wurde weitgehend von der Burgherrin geführt. Kinder konnten in der Burg herumtollen, tobten an warmen Sommerabenden auf den Wehrgängen, standen den Stallknechten bei den Pferden im Weg oder wurden aus der Küche gejagt. Im Winter, wenn Schnee den Boden bedeckte, drängten sich die Kinder um das Holzfeuer im zugigen Wohnraum, wo ihre Mutter stickte oder nähte und ihnen Geschichten erzählte.

1 Große Halle
2 Küche
3 Spülraum
4 Schlafstuben
5 Abort
6 Wohnraum der Burgherrschaft
7 Überdachter Gang
8 Bergfried
9 Ställe
10 Torhaus
11 Wassergraben

▼ In Norditalien lebten Adelsfamilien häufig lieber in Städten als in Burgen. Doch auch hier mussten sie für die Verteidigung sorgen und bauten sich darum hohe Türme. In San Gimignano in der Toskana stehen noch heute 13 mittelalterliche Wohntürme. Früher waren es einmal 76!

Essen und Trinken

In den meisten Burgen wurden das ganze Jahr über nur kleinere Vorräte an Nahrungsmitteln gelagert. Wenn jedoch der König oder der Burgherr seinen Besuch ankündigte, hallte der Burghof wider von Befehlen und Flüchen und vom Geratter rollender Fässer. Diener füllten die Keller und Vorratsräume mit gesalzenen Schinkenseiten und prall gefüllten Getreide- und Mehlsäcken. Der Kämmerer sah nach, ob die vorhandenen Vorräte nicht vielleicht schon verdorben waren, das Mehl nicht schimmelte und der Wein nicht sauer geworden war.

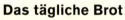

Gerste
Roggen
Weizen

Das tägliche Brot

Vor dem Backen wurde Getreide, wie Roggen, Gerste und Weizen, gemahlen. Einige Burgen besaßen eigene Mühlen, die hoch oben auf den Burg- oder Stadtmauern standen. Dort erreichte der Wind ungehindert die Mühlenflügel, durch welche die schweren Mahlsteine gedreht wurden.

Vorratshaltung

Obwohl es in den Kellern der Burg kühl war, konnte man Nahrungsmittel nicht allzu lange frisch halten. Darum wurde Fleisch meist geräuchert und stark gesalzen, damit es sich den Winter über hielt. Gemüse wurde getrocknet oder eingelegt. Manchmal wurden Obst und Fleisch schichtweise in Fässern gelagert. Der Fruchtsaft sickerte in das Fleisch und machte es haltbarer.

Pilze und Zwiebeln (1) wurden aufgefädelt und zum Trocknen aufgehängt.

In den meisten großen Burgen gab es einen Haushofmeister (5), der sich um die Lagerung der Speisen und Getränke kümmerte.

Weißes Fleisch

Die Milch von Schafen, Ziegen und Kühen sowie die Sahne, die Butter und der Käse, die man daraus herstellte, hießen „weißes Fleisch". Der fettreichste Anteil der Milch wurde zu weichem Käse oder Butter für den Burgherrn und seine Familie verarbeitet. Die Dienstmannen mussten sich mit einem dicken, harten Käse aus dem Rest der Milch begnügen. Manchmal war ein solcher Käse so hart, dass er mit einem Hammer in Stücke geschlagen werden musste, bevor man ihn essen konnte!

Fleisch wurde in einer Salzkiste (2) gepökelt. Dann hängte man es an große Haken (3) oder lagerte es in Fässern (4).

Brunnenwasser

Jede Burg brauchte eine eigene Wasserversorgung – vor allem, wenn sie eine Belagerung überstehen sollte. Tiefe, gemauerte Schächte führten zu unterirdischen Quellen auf dem Burggelände. Das Wasser zog man in hölzernen, an Ketten befestigten Eimern herauf. Manchmal wurde Wasser auch in offenen oder gedeckten Kanälen direkt der Küche zugeführt.

Besondere Ämter

Manche Ämter waren besonders ehrenvoll. So kümmerte sich der Mundschenk um die Weinvorräte, und der Tafeldecker hatte die Aufgabe, für stets saubere Tischtücher und Servietten zu sorgen. Diese beiden Ämter wurden vom Burgherrn an auserwählte Adlige vergeben.

Tafeldecker **Mundschenk**

Süß wie Honig

Oft wurden auf Burgen Bienen gehalten. Mit dem Honig süßte man Speisen und Getränke. Honig war auch wichtig für die Zubereitung des Met – eines stark alkoholhaltigen Getränks, das im Mittelalter sehr beliebt war.

Zu größeren Burgen gehörten Fischteiche, Obstgärten und Weinberge sowie Gärten, die Kräuter und Gemüse lieferten. Vieh, Schafe und Schweine wurden auf den Bauernhöfen der umliegenden Ländereien gehalten. Die Jagdgesellschaften des Burgherrn brachten Wild, Wildschweine und Fasane aus den Wäldern für das Festgelage an der herrschaftlichen Tafel.

Die Küche

Wenn der Burgherr nicht anwesend war, blieb es in der Küche ruhig. Der Burgvogt aß vielleicht in seinem Privatgemach, und die kleine Wachmannschaft brauchte nur einfache Mahlzeiten. War aber der Burgherr daheim, herrschte in der Küche ein lebhaftes Treiben. Der Koch gab lautstark seine Befehle. Die Hilfsköche schnitten Gemüse, rupften Geflügel und schlugen Fleisch, bis es weich war. Die geringsten Arbeiten, wie das Säubern der Kessel oder das Wasserholen, überließ man den Küchenjungen, die meist noch Kinder waren.

Verstellbarer Haken zum Aufhängen eines Topfes

Kochen im Kessel
In jeder Küche hing mindestens ein großer eiserner Kessel an einem Haken über einem offenen Feuer. Darin kochte man Eintöpfe, Suppen und Soßen. Manchmal wurden auch mehrere Speisen in den Kessel gepackt und gleichzeitig gegart – hier sind es Eier (1), Hühner (2) und Fisch (3) in verschlossenen Tontöpfen, Pudding in Stoffbeuteln (4) und Schinken (5).

Gut gewürzt
Die Speisen waren meist kräftig gewürzt, was nicht zuletzt auch den faden Geschmack von nicht mehr ganz frischem Fleisch überdeckte. Viele Gewürze kamen aus dem Nahen und Fernen Osten. Da sie sehr kostspielig waren, konnten nur Wohlhabende sie sich leisten.

Ingwer, Muskatnuss, Kardamon, Zimt

Küchengerät
Zur Ausstattung der Küche gehörten ein Mörser mit Stößel (1) zum Zerstoßen von Gewürzen und Kräutern, ein Rührstock (2), ein Fleischstößel (3), ein metallener Schöpflöffel für Suppen (4) und verschiedene Messer zum Hacken von Gemüse und Fleisch (5).

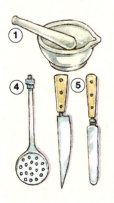

▼ Töpfe und Platten wurden mit einem Gemisch aus Sand und Seifenkraut gereinigt. Schmutzwasser goss man in einen behauenen Ausgussstein, der in die Außenwand eingebaut war.

Der wärmste Platz in der Küche war der vor dem flackernden Herdfeuer. Hier hatte ein Küchenjunge die anstrengende und schweißtreibende Aufgabe, unablässig einen langen Spieß, auf dem ein Braten steckte, zu drehen. Neben der Feuerstelle befand sich meist ein gemauerter Ofen, in dem das Brot gebacken wurde. Er wurde mit Reisig geheizt und blieb stundenlang heiß.

Bunte Speisen

Die Speisen wurden nicht nur gewürzt, sondern auch mit pflanzlichen Farbstoffen gefärbt und manchmal sogar vergoldet. Petersilie ergab Grün, Safran Gelb und Sandelholz Rot.

Die Große Halle

Bei besonderen Anlässen fanden in der Großen Halle der Burg Festessen statt. Der Burgherr, seine Familie und die wichtigsten Gäste saßen an dem überhöhten, von einem Baldachin überdachten Herrentisch. Er war mit feinen Leintüchern gedeckt. In einem bootsförmigen Gefäß aus Gold oder Silber in der Mitte des Tisches pflegte der Burgherr seine Serviette abzulegen.

Tischmanieren

Bei Tisch waren durchaus strenge Regeln vorgeschrieben. So galt es wie auch heute noch als unfein, mit vollem Mund zu sprechen oder beim Essen zu schmatzen.

◂ Manch einer der feinen Herren kümmerte sich allerdings wenig um gute Tischmanieren!

▸ Der Mundschenk stand links neben dem Herrn und sorgte für stets gefüllte Becher. Zur Unterhaltung spielten Musikanten auf.

Zu den Klängen von Schalmeien trug eine Prozession von Dienern das Essen auf. Zum Festmahl gehörten Suppen und Gelees, Aale und Hechte, geröstete Gänse, Reiher oder Schwäne, riesige Pasteten und Obstkuchen. Dazu trank man am liebsten Wein, den der Burgherr oft von weither kommen ließ. Die Esser teilten sich zu mehreren eine Schüssel. Ehrengäste bekamen eine eigene Schüssel und aßen von goldenen oder silbernen Tellern. Alle anderen benutzten dicke Schwarzbrotscheiben, die Fett- und Soßenreste aufsogen. Die Reste wurden an die Armen verteilt, die am Burgtor Schlange standen.

▲ Ein Aquamanile, meist in Tierform, enthielt Wasser zum Händewaschen vor dem Essen. Das Wasser wurde durch eine Öffnung im Pferdekopf ausgegossen.

Früher Beginn
Festessen und andere besondere Mahlzeiten wurden schon früh aufgetragen – gegen 10 oder 11 Uhr morgens – und dauerten mehrere Stunden.

Höfliche Sitten
Wohlerzogene Gäste teilten sich ihren Weinbecher mit ihrem Tischnachbarn und boten ihm von seinem Teller an. Die Gäste aßen mit den Fingern oder nahmen notfalls Messer und hölzerne Löffel zu Hilfe. Gabeln kamen erst gegen Ende des Mittelalters in Gebrauch.

▶ Die Gerichte waren so weich gekocht, dass sie mit Brot aufgetunkt oder in kleine Stücke geschnitten werden konnten, die man mit dem Messer aufspießte.

Häusliches Leben

Zu Anfang des Mittelalters lebte man in einer Burg äußerst bescheiden. Der Wind pfiff durch die hölzernen Fensterläden, und die meisten Burgbewohner schliefen auf Bänken oder Strohsäcken in der Großen Halle. Mit Beginn des 13. Jahrhunderts aber gab es in Burgen immer häufiger gut möblierte Schlafstuben und Wohnräume, die von großen offenen Kaminen beheizt und mit Kerzen erleuchtet waren. Die besseren Räume hatten verglaste Fenster und mit Teppichen behängte Wände. Der Fußboden war mit duftenden Kräutern bestreut oder mit Binsenmatten belegt.

1 Die Kleiderkammer
Das oberste Geschoß im Wohnturm des Burgherrn nutzten die Bediensteten der Burgfrau. Hier wurden auch Leintücher und Kleider in großen Truhen aufbewahrt.

2 Der Schlafraum
Hier lagen Binsenmatten auf dem Fußboden, und die Wände waren bemalt. Eine Kammerfrau konnte auf einem Rollbett nächtigen, das unter dem Hauptbett hervorgezogen wurde.

3 Das Wohnzimmer
Dies war der Aufenthaltsraum der Burgherrschaft. Nach den Mahlzeiten zog sich der Burgherr hierher zurück, um vielleicht eine Partie Schach zu spielen.

4 Das Erdgeschoß
Durch eine Falltür im Wohnzimmer gelangte man in den Raum zu ebener Erde. Hier wurden meist Waffen, Münzen und Vorräte gelagert.

Lesen und Schreiben
Nur wenige konnten im Mittelalter lesen und schreiben. Es gab kaum Schulen und die meisten Kinder besuchten nie eine. Jungen hatten bessere Chancen, etwas zu lernen, aber es gab auch einige wenige Frauen, die als Schriftstellerinnen berühmt wurden – wie zum Beispiel Christine de Pisan, die im 15. Jahrhundert in Frankreich lebte.

Unterhaltung
Fahrende Spielleute kamen oft auf die Burg, um Gäste zu unterhalten. Die vornehmen Herren und Damen spielten aber auch selbst Instrumente, sangen oder dichteten. Ebenso beliebt waren das Sticken und das Schachspiel oder Erzählungen über romantische Liebe und Ritterlichkeit, die fahrende Sänger zum Klang von Laute oder Harfe vortrugen.

Harfenist

Lautenspieler

Die Burgfrau, die Gemahlin des Burgherrn, spielte eine wichtige Rolle auf der Burg. Sie hielt Hausstand und Bedienstete zusammen und betreute adlige Besucherinnen. Während der Abwesenheit des Burgherrn beaufsichtigte sie häufig die Bauern des Herrschaftsbereichs und organisierte die Versorgung mit Lebensmitteln sowie alle notwendigen Reparaturen an der Burg. Dennoch war dies eine Welt der Männer. Frauen waren dem Manne untergeordnet und hatten nur selten Recht auf eigenen Besitz.

Jung verheiratet
Oft wurde die Hochzeit von Angehörigen des Adels schon vereinbart, wenn die Kinder noch in der Wiege lagen. Die meisten von ihnen heirateten sehr jung, oft schon mit 14 Jahren.

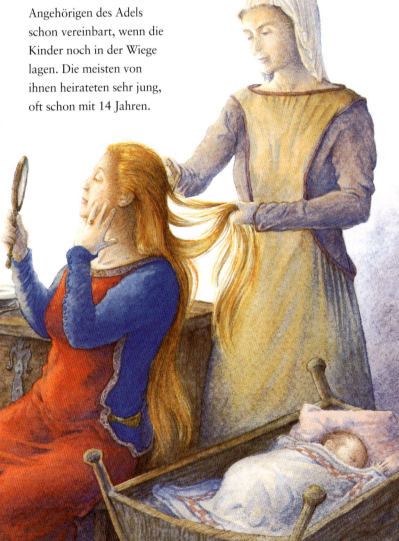

Erziehung
Im Alter von sechs oder sieben Jahren wurden die Kinder vornehmer Eltern häufig in die Burg einer befreundeten Familie geschickt. Die Knaben wurden Pagen und im Waffenhandwerk ausgebildet. Mädchen lernten die Führung eines Burghaushalts.

▶ Oft wurden die Toiletten oder Aborte der verschiedenen Stockwerke übereinandergebaut. Der oberste Abort lag dann im Freien.

▲ Ein Tuch mit einem runden Loch wurde auf die kalte Steinplatte gelegt.

▼ Ein Schacht führte direkt in den Burggraben oder in eine Jauchegrube am Fuß der Mauer.

Sauber und gesund

Die Menschen des Mittelalters kümmerten sich viel weniger um Schmutz und Gestank in ihren Wohnungen, als wir es heute tun. Die Toiletten einer Burg waren kaum mehr als eine Steinplatte mit runden Löchern, nur wenige Räume hatten fließendes Wasser, und Bäder waren ein kostspieliger Luxus. Ab und zu fand in der Burg ein Großreinemachen statt. Vernünftigerweise ging die Burgherrschaft dann für ein oder zwei Wochen auf Reisen, während im ganzen Bauwerk geschrubbt, gefegt und gelüftet wurde. Die Jauchegrube unter den Aborten musste ebenfalls regelmäßig ausgeräumt werden – eine übel riechende Angelegenheit!

Aborte

Der Burgherr hatte bisweilen einen eigenen Abort neben seinen Räumen. Als Toilettenpapier benutzte man Leinenstreifen, und der Fußboden wurde mit süß duftenden Kräutern bestreut.

Ratten über Ratten

Ratten waren überall – in der Küche, in den Kellern, in den Ställen ... Ratten vernichteten die Getreidevorräte und verbreiteten Krankheiten. Und in ihrem Fell saßen die Flöhe, die die tödliche Seuche, die Pest, übertrugen.

Badezeit

Nur die Reichsten konnten sich ein warmes Bad leisten. Das Feuerholz für das Erhitzen des Wassers, Tücher zum Auslegen des Holzzubers und Badeöle waren kostspielig. Wer baden wollte, musste so viel ausgeben, wie ein Arbeiter in einer ganzen Woche verdiente.

42

Heilpflanzen

Im Mittelalter setzten Ärzte Heilpflanzen gegen viele verschiedene Krankheiten ein. Beinwell wurde bei Knochenbrüchen angewendet, damit sie schneller heilten. Die Wiesen-Schafgarbe stillte bei Fleischwunden die Blutung.

Zwischen 1347 und 1351 fielen in Europa etwa 25 Millionen Menschen der Pest zum Opfer. Niemand wusste, wie die tödliche Seuche übertragen wurde, und die Menschen waren ihr hilflos ausgeliefert. Frauen starben jung im Kindbett, und Männer erlagen in jungen Jahren den Wunden, die sie im Kampf davontrugen. Doch wenn die Menschen all dem entkamen, erreichten sie oft ein hohes Alter.

▼ Außer den Kammerfrauen und Dienerinnen waren die Wäscherinnen die einzigen Frauen, die auf der Burg beschäftigt waren. Alle anderen Arbeiten wurden von Männern und Knaben erledigt.

Seifenherstellung

Seife aus Olivenöl und duftenden Kräutern war seit dem 8. Jahrhundert im Süden Europas bekannt, kam aber erst viel später in den Norden. Oft wurde Seife auch aus Tierfett, Holzasche und Soda hergestellt.

▶ Kleider und Bettzeug wurden zusammengelegt und in einem Holzzuber mit flüssiger Seife übergossen. Dann schlug man die Wäsche mit dem Holzschlegel, um den Schmutz zu entfernen.

Im Wandel der Mode

Modische Kleidung war im Mittelalter sehr wichtig. So wie Könige gewaltige Burgen errichteten, um beim Volk Eindruck zu machen, kleideten sich die Wohlhabenden prunkvoll und kostbar, um sich gegenseitig zu imponieren. Zu festlichen Anlässen trugen die adligen Herrschaften Juwelen und Goldketten sowie farbenprächtige Gewänder. Farben hatten eine bestimmte Bedeutung. Blau stand für verliebt, Gelb bedeutete Ärger und Grau Trauer.

◄ Häufig verbargen Frauen ihr Haar unter Kopfbedeckungen. Manche waren wie Tierhörner geformt, andere ähnelten Schmetterlingsflügeln.

► Der spitz zulaufende Hennin konnte bis zu einem Meter hoch sein! Er wurde innen von einem Drahtgestell gehalten.

▼ Die Spitzen mancher Schnabelschuhe waren so lang, dass sie hochgebunden werden mussten. Wer nicht im Straßenschlamm einsinken wollte, trug Holzsohlen.

44

Modische Vorbilder

Anfang des 15. Jahrhunderts trug manch ein gut gekleideter Edelmann einen Hut mit einem „Liripipium" genannten langen Zipfel, den er über die Schultern herabhängen ließ (1). Mitte des 15. Jahrhunderts kamen knielange, mit Pelz besetzte Hänger (2) beim Adel in Mode, während Kaufleute lange Umhänge (3) trugen. Die unter der Brust gegürteten Frauenkleider hatten oft lange Schleppen, die über den Arm geschlungen wurden (4). Die Hauben waren sehr lang (5). Kurze Wämse und Schnabelschuhe (6) galten bei modebewussten Jünglingen als der letzte Schrei.

Arbeitskleidung

Bauern konnten sich keine modischen Torheiten leisten. Sie trugen einfache Kittel, wollene Strümpfe, Umhänge, Strohhüte und den Gugel, eine Mütze mit Schulterkragen.

▼ Teuer bezahlte Schneider nähten für die Reichen Gewänder nach der neuesten Mode.

Im frühen Mittelalter kleideten sich die Menschen noch recht einfach. Doch im 12. Jahrhundert hielt der Kleiderluxus auch auf den Burgen Einzug. Wie heute wandelte sich die Mode von Hüten, Schuhen, Frisuren, Umhängen und Kleidern Jahr für Jahr. Darum erließ man im 13. Jahrhundert zahlreiche Kleiderordnungen, die die Modetorheiten beschränken sollten, doch sie wurden nur selten befolgt.

Die Kapelle

In den meisten Burgen gab es eine Kapelle in der Nähe der Herrschaftswohnung. Mit ihren bemalten Wänden, Buntglasscheiben und einem goldenen Kruzifix auf dem Altar war sie der schönste Raum der Burg. Hier begannen der Burgherr und seine Gemahlin den Tag mit einer Morgenandacht. Manche Burgen hatten im Burghof noch eine größere Kapelle für die anderen Burgbewohner.

▲ Die Bibel und andere Bücher waren handgeschrieben und reich verziert.

Gebetsstunde

Die Gottesdienste in der Kapelle hielt der Burgkaplan, ein Priester, ab. Auch sprach er vor jeder Mahlzeit das Tischgebet. Die Priester gehörten zu den wenigen, die des Lesens und Schreibens kundig waren. Häufig besorgte der Burgkaplan auch die schriftlichen Arbeiten, die in der Burg anfielen.

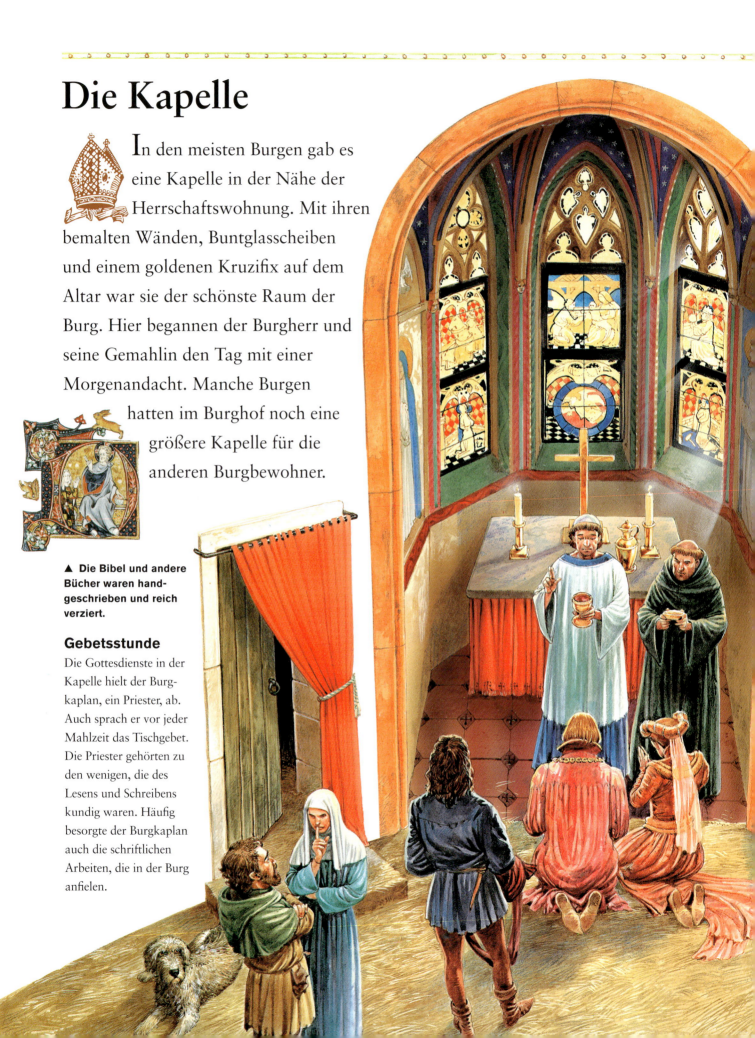

Feiertage

Kirchliche Feiertage wurden festlich begangen. An solchen Tagen brauchte kein Mensch zu arbeiten. Manchmal führten fahrende Spielleute vor dem Kirchen- oder Kathedralentor Mysterienspiele auf. Darin zeigten sie Geschichten aus der Bibel oder vom Leben der Heiligen.

▶ Andere Gaukler versuchten mit ihren Kunststücken die Zuschauer abzuwerben.

▼ Als Zeichen dafür, dass sie bis nach Santiago de Compostela gekommen waren, trugen Pilger an ihren Hüten Herzmuscheln.

▼ Betrügerische Reliquienverkäufer boten Kreuze an, die, wie sie behaupteten, aus dem Holz des Kreuzes gefertigt waren, an dem Christus gekreuzigt worden war.

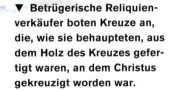

Pilger — Reliquienverkäufer — Nonne — Bischof — Mönch

Im Mittelalter waren die meisten Menschen sehr gläubig. Viele Christen unternahmen aus Frömmigkeit Pilgerfahrten. Diese Reisen führten sie bis nach Rom, Jerusalem oder Santiago de Compostela in Spanien. Andere wurden Mönche oder Nonnen und lebten in Abteien, Klöstern oder Konventen. Hier verbrachten sie ihr Leben mit Gebeten, dem Kopieren der Heiligen Schrift und der Pflege von Kranken.

Jagd und Falknerei

Der beliebteste Zeitvertreib war die Jagd, und die meisten Adligen besaßen besondere Pferde für die Treibjagd. Diese Pferde führten oft ein besseres Leben als die Diener, die sie betreuten! Auch die Jagdhunde waren sehr wertvoll. Sie waren darauf abgerichtet, das Wild aufzuspüren und zu verfolgen. Jeder König und Burgherr hatte gewöhnlich einen Lieblingsjagdhund, der ihm überallhin folgte. Die Hundemeute wurde von den Jagdgehilfen und den Hundepflegern versorgt.

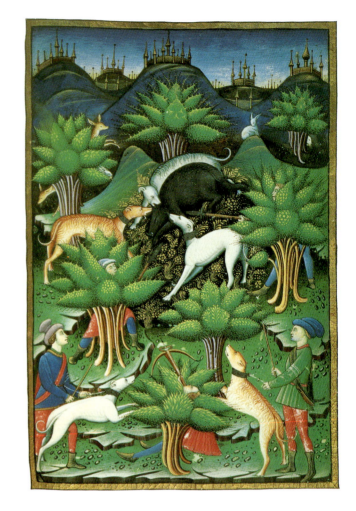

▲ Eine Hundemeute stellt einen Eber. Die Hunde trugen Halsbänder, die sie vor den scharfen Hauern des Tiers schützen sollten.

Die Jagd

Zu den Tieren, die gejagt wurden, gehörten Rotwild, Wildschweine, Wölfe, Füchse und Bären. Aber die Jagd war nicht nur ein beliebter Sport, sondern auch eine Möglichkeit, den Speisezettel des Herrentisches zu bereichern.

Die Falkenjagd

Greifvögel gehörten zu den wertvollsten Jagdgehilfen. Es dauerte Jahre, bis sie darauf abgerichtet waren, kleinere Vögel, Hasen und Kaninchen zu schlagen. Je nach gesellschaftlicher Stellung durfte man nur eine bestimmte Greifvogelart benutzen. Ein Kaiser jagte mit einem Adler, ein König oder eine Königin mit einem Gerfalken, ein Adliger mit einem Wanderfalken und eine adlige Dame mit einem Habicht. Die Jagdfalken wurden in einem besonderen Schuppen, dem Mauserkäfig, untergebracht.

▶ Zum Schutz vor den scharfen Krallen der Greifvögel trug der Falkner einen Handschuh.

Falknerausrüstung

Falkner brauchten für die Ausbildung und Pflege der Greifvögel eine Ausrüstung. Eine Leine, damit der Vogel nicht wegfliegen konnte, Glöckchen, damit man ihn wieder finden konnte, eine Haube, die man ihm zur Beruhigung überstülpte, und eine Ledertasche mit Futterhäppchen.

Leine · Glöckchen · Haube · Tasche

Im frühen Mittelalter gab es in Europa ausgedehnte Wälder, in denen es vor Hirschen und Rehen, Wildschweinen, Füchsen und Bären wimmelte. Doch mit der Zeit wurden immer mehr Waldgebiete gerodet und urbar gemacht. Schon im 12. Jahrhundert mussten bestimmte Gebiete zu Jagdrevieren erklärt werden. Das waren die königlichen Forste. Wer dort beim Wildern ertappt wurde, musste mit harten Strafen rechnen. Ein überführter Wilderer konnte geblendet oder sogar hingerichtet werden, aber oft war der Hunger stärker als die Angst vor Strafe.

Das Turnier

Vor rund 800 Jahren kämpften Ritter in größeren, mit stumpfen Speeren bewaffneten Gruppen gegeneinander. Diese Reiterkampfspiele, Buhurts genannt, dienten der Schulung ihrer kriegerischen Fertigkeiten. Bald entwickelten sich daraus Waffenspiele mit festgelegten Regeln. Je mehr sich das Rittertum in ganz Europa verbreitete, desto beliebter wurden Turniere.

Eine Ehrensache

Oft wurden auf Turnieren zuerst den vornehmen Damen die Prachthelme der Turnierteilnehmer vorgeführt. Hatte ein Ritter gegen die Regeln der Ritterlichkeit verstoßen, wurde er von dem festlichen Ereignis ausgeschlossen. Mit Bannern und Wappen geschmückte Tribünen standen um den Kampfplatz herum. Die Zuschauer, Adlige und ihre Gefolgsleute, nahmen am Geschehen leidenschaftlichen Anteil. Manchmal kam es zwischen Teilnehmern und Publikum zu Gewalttätigkeiten, und deswegen wurden vor Turnierbeginn alle Anwesenden nach Waffen durchsucht.

▼ Je prächtiger die Turnierveranstaltungen, desto glanzvoller auch die Rüstungen. Hier sind die Ritter vor allem an ihren Prachthelmen zu erkennen.

Der Tjost

Die Turnierrüstung wurde immer spezialisierter. So musste der Ritter sich beim Zweikampf, dem Tjost, nach vorn beugen, wenn er aus seinem Froschmaulhelm blicken wollte. Beim Zusammenprall richtete er sich auf und dann bedeckte der Helm wieder sein Gesicht. Die linke Seite der Rüstung war verstärkt, weil die Teilnehmer links aneinander vorbeiritten und dort die Stöße empfingen.

Froschmaulhelm

Gestech

▼ In ihren schönsten Kleidern sahen die Damen voller Bewunderung zu. Manch ein Ritter kämpfte für seine auserwählte Dame, deren Tuch er um seinen Arm gebunden trug.

Turniere boten jungen Rittern die Möglichkeit, sich einen Namen zu machen, und manchmal auch die Gelegenheit zu einer guten Partie. Auf der Jagd nach Ruhm und Ehre reisten die Ritter von Turnier zu Turnier. Der beliebteste Zweikampf war der Tjost, bei dem der Gegner mit der Lanze beim Stechen, im „Gestech", aus dem Sattel geworfen werden musste. Seit etwa 1420 trennte ein Holzzaun die beiden Teilnehmer und verhinderte einen Zusammenprall. Als Siegesprämie winkten den Gewinnern Rüstungen oder Gold.

◀ Das Turnier war ein glanzvolles Ereignis, aber niemals ganz harmlos. Auch stumpfe Waffen konnten einen Gegner, wenn sie ihn unglücklich trafen, verletzen oder gar töten.

AUF IN DIE SCHLACHT

Der Ritter hatte dafür zu sorgen, dass seine Waffen und seine Rüstung stets in gutem Zustand waren. Jederzeit konnte er von seinem Lehnsherrn oder vom König selbst zur Heerfolge aufgefordert werden. Manchmal gelang es ihm vielleicht, sich von der Heerfahrt freizukaufen, doch irgendwann musste er in den Krieg ziehen. Meist ließ er sich dann von einigen Gefolgsleuten begleiten. Dazu zählten sein Knappe, mehrere schwer bewaffnete Reiter sowie Fußsoldaten oder Bogenschützen. Sie schlossen sich anderen Truppen an, die unter dem Befehl eines Ritters standen, der ein eigenes Banner führen durfte.

Plattnerzeichen aus Mailand

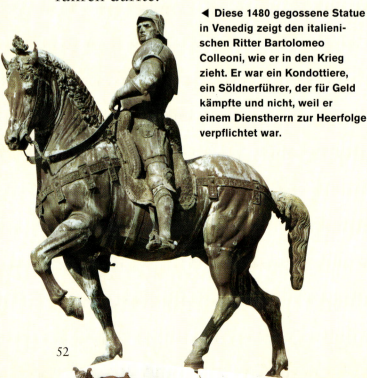

◀ Diese 1480 gegossene Statue in Venedig zeigt den italienischen Ritter Bartolomeo Colleoni, wie er in den Krieg zieht. Er war ein Kondottiere, ein Söldnerführer, der für Geld kämpfte und nicht, weil er einem Dienstherrn zur Heerfolge verpflichtet war.

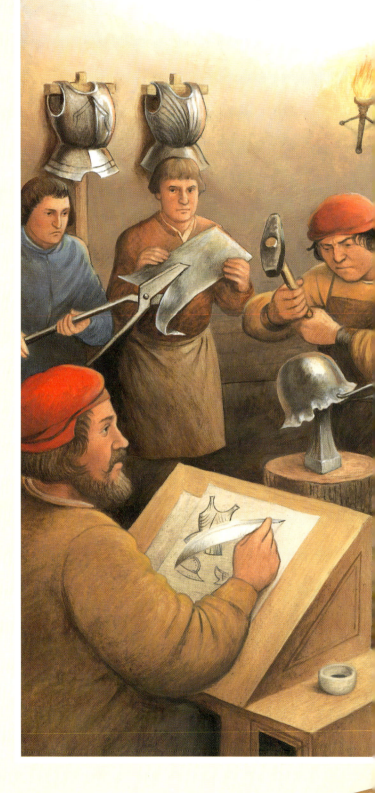

▼ In der kleinen Werkstatt eines Plattners drängten sich Meister und Lehrlinge. Eisenstangen wurden zu Blechen gehämmert und dann mit kräftigen Scheren zurechtgeschnitten. Das Metall wurde auf Ambossen in die gewünschte Form geschmiedet und dann durch Erhitzen und Abkühlen gehärtet. Die fertigen Stücke wurden poliert und mit Stoff ausgefüttert, der auf Lederstreifen festgenäht und mit Stroh unterlegt wurde.

Der Kauf einer Rüstung
Wollte der Ritter einen Kriegszug lebend überstehen, kam es vor allem auf eine gute Rüstung an, die oft sehr kostspielig war. Rüstungen minderer Qualität wurden überall in Europa hergestellt und auch repariert. Doch Metallarbeiten höchster Qualität kamen meist aus Werkstätten in italienischen Städten wie Mailand und Brescia oder in süddeutschen Städten wie Augsburg und Nürnberg, wo es reiche Vorkommen an Eisenerz und Holzkohle gab. Wohlhabende Ritter aus England oder Frankreich schickten ihre Aufträge nicht selten in eines dieser Zentren. Rüstungen gab es in Maßanfertigung oder auch „von der Stange".

Die Kriegsrüstung

Die Ritter des frühen Mittelalters ritten im Kettenhemd, einem aus vielen ineinander verflochtenen oder vernieteten Metallringen bestehenden Panzer, in die Schlacht. Er war „auf Maß" geschmiedet, bedeckte den Kopf und hing als schweres Hemd am Körper. Der Kettenpanzer bot jedoch keinen ausreichend wirksamen Schutz gegen Pfeile und andere Waffen. Seit dem späten 13. Jahrhundert bedeckten Ritter auch ihre Beine mit Eisenplatten, und in den nächsten 100 Jahren wurden immer mehr Platten hinzugefügt. Der nur aus Platten bestehende Harnisch ersetzte den Kettenpanzer.

Ein Kettenpanzer

Ein Ritter zog im 12. Jahrhundert „gepanzert" in die Schlacht. Sein langes Kettenhemd hieß Brünne. Es reichte bis zu den Knien und war unten geschlitzt, damit es ihn beim Aufsitzen nicht behinderte. Die Kettenhaube schützte den Kopf unter dem Helm. Zuunterst trug der Ritter ein gefüttertes Wams aus Wolle oder Leder.

Helme

Im 11. und 12. Jahrhundert war der in einem Stück geschmiedete, kegelförmige Helm mit einem festen Naseneisen üblich. Um 1200 kamen Helme mit einem Schutz für das ganze Gesicht auf, und dann folgte der Topfhelm, der den ganzen Kopf bedeckte. Im 14. Jahrhundert erhielt der Helm ein Visier, das vor dem Gesicht aufgeklappt werden konnte.

▼ Topfhelm, wie er im frühen 13. Jahrhundert entwickelt wurde. Dieser Helm stammt aus der Zeit um 1250. Im 14. Jahrhundert wurde er nur noch im Turnier getragen.

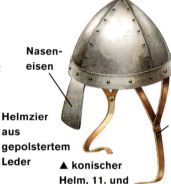

Helmzier aus gepolstertem Leder

Nieten zur Befestigung der Polsterung

Naseneisen

▲ konischer Helm, 11. und frühes 12. Jahrhundert

ledernes Kinnband

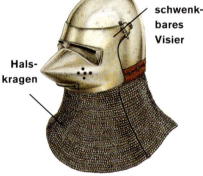

seitlich schwenkbares Visier

Halskragen

▲ Visierhelm aus Italien, spätes 14. bis frühes 15. Jahrhundert

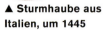

▲ Sturmhaube aus Italien, um 1445

▶ Turnierhelm mit vergoldeter Ätzung, Norditalien, um 1570

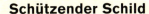

Schützender Schild

Der Schild schützte den Ritter vor Pfeilen und tödlichen Stoßwaffen. Auch konnte er damit schwere Hiebe austeilen. Die Form des Schildes änderte sich im Laufe der Zeit vom langen dreieckig-spitzen Schild der Normannen zum kleineren dreieckigen Schild im 14. Jahrhundert, der aus mit Leder bezogenem Holz gefertigt war. Der Plattenharnisch machte Schilde überflüssig.

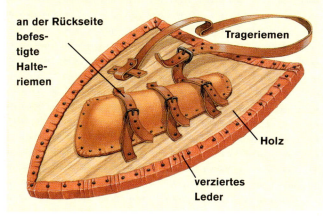

an der Rückseite befestigte Halteriemen
Trageriemen
Holz
verziertes Leder

▶ Um 1500 nimmt ein Knappe einem verwundeten Ritter die Rüstung ab. Sie ist aus silbrigem Stahl gefertigt. Vom Kettenhemd war nur noch der Panzerschurz geblieben. Er war Teil der Harnischpolsterung, an der die Platten mit Bändern befestigt waren. Im 16. Jahrhundert veränderten Feuerwaffen und neue Taktiken die Kriegsführung. Mit Lanzen angreifende Ritter waren weniger gefährlich als mit Langbogen kämpfende Männer, und ein Harnisch bot gegen Handfeuerwaffen nur wenig Schutz.

1 Helm
2 Ansteckbart
3 Brustplatte
4 Achselstück
5 Schwebescheibe
6 Armkachel
7 Handschuh
8 Diechling
9 Beinröhre
10 Eisenschuh
11 Polsterung
12 Bänder
13 Panzerschurz

Gegen Ende des 14. Jahrhunderts war der Körper des Ritters ganz mit Metallplatten bedeckt. Die einzelnen Teile passten sich den Körperformen an und waren durch Nieten und Lederstreifen verbunden. Es kann nicht einfach gewesen sein, in einem Harnisch zu kämpfen, der um die 25 Kilogramm wog. Dennoch konnte sich der Ritter darin gut bewegen und kam sogar wieder auf die Beine, wenn er einmal vom Pferd gestürzt war.

Tödliche Waffen

Das Schwert, ein Symbol des Rittertums, wurde stets gepflegt und steckte selbst in Friedenszeiten griffbereit in seiner Scheide. König Artus nannte sein legendäres Schwert Excalibur, und auch viele andere Ritter gaben ihrem Schwert einen Namen. Ein im Europa des 12. Jahrhunderts übliches Schwert hatte eine breite, flache, zweischneidige Klinge, die in der Mitte mit einer Blutrinne versehen war. Im 14. Jahrhundert führte die zunehmende Verwendung der Plattenrüstung dazu, dass der Ritter die Klinge in Ritzen und Spalten stoßen musste.

Bogen und Pfeile

Eine Armbrust konnte ihre Pfeile oder Bolzen über 200 Meter weit schießen. Nach dem Spannen der Sehne mithilfe einer Kurbel wurde das Geschoss in eine Rinne eingelegt; die Sehne wurde durch einen Drücker ausgelöst. Der Langbogen war einfacher zu bedienen, sein Spannen bedurfte jedoch großer Kraftanstrengung. Man konnte bis zu sechs Pfeile in der Minute damit abschießen (mit der Armbrust nur einen pro Minute). Die mit Metallspitzen versehenen Pfeile waren mehr als 75 Zentimeter lang.

▶ Ein Ritter griff in der Schlacht mit der Lanze an. Der lange, mit einer Stahlspitze versehene Holzspeer war eine Fernwaffe, die den Feind vom Pferd stoßen konnte. Vernichtende Hiebe wurden mit der Streitaxt, dem Streithammer oder dem Streitkolben ausgeteilt. Der Flegel war eine Art Keule, an der eine mit Stacheln versehene Kugel an einer Kette hing. Fußangeln waren Eisen mit Spitzen, die auf den Boden geworfen wurden, um Pferde und Männer zu verletzen.

Waffen im Kampf

Bei Schlachtbeginn verdunkelte sich der Himmel unter dem Pfeilhagel. Pferde bäumten sich auf, wenn die Gegner die Hellebarden schwangen. In einem Heldengedicht des Mittelalters, dem *Rolandslied*, wird beschrieben, wie die im Nahkampf eingesetzten Waffen wirkten: Schädel krachen, Gehirne verspritzen und verstümmelte Menschen wirbeln durch die Luft. Alles, was im Kampf zählt, so sagt der Held, ist Eisen und Stahl.

Die Schwerter dieser Periode waren als Hieb- und Stoßwaffen gedacht. Die Klingen wurden daher schmaler, spitzer und waren nicht mehr flach. Je nach Verwendungszweck gab es die verschiedensten Typen: ein Dolch oder ein Kurzschwert für den Nahkampf; der rund 1,20 Meter lange Zweihänder, der so schwer war, dass er mit beiden Händen geschwungen werden musste, und daher nur von Fußkämpfern geführt wurde; und ein Kurzschwert mit breiter Klinge und einseitiger Schneide.

57

Tiere im Kampf

Brieftauben
In der Kreuzzugszeit benutzten die Sarazenen Tauben, um Geheimbotschaften von Stadt zu Stadt oder an andere Truppen zu übermitteln. Die Christen machten ihnen dies nach. Manchmal wurden die Brieftauben von dafür abgerichteten Falken getötet.

Pferde spielten im Leben eines Ritters eine große Rolle. Wenn er nicht absaß, um zu Fuß weiterzukämpfen, hing sein Überleben in der Schlacht von seinem Pferd ab. Es brachte ihn dicht an seine Feinde heran und ermöglichte ihm die Verfolgung ebenso wie die Flucht. Es konnte sogar für ihn kämpfen, wenn es sich auf die Hinterbeine erhob und mit seinen großen Hufen ausschlug.

▶ Kleine, robuste Packpferde trugen Waffen und Verpflegung. Der Ritter selbst und seine Männer saßen auf den besten Reitpferden, die sie finden konnten. Schlachtrösser waren noch größer und kräftiger.

Packpferd

Die Zucht
Die besten Stuten und Hengste wurden für die Zucht ausgesondert. Ihre Fohlen zog man für den Kampf und das Turnier auf. Das Schlachtross musste ein Hengst sein, groß, stark und temperamentvoll, doch gehorsam gegenüber seinem Herrn. In der Schlacht kam es darauf an, dass Ritter und Pferd trotz der Gefahr und des Kampfgetümmels um sie herum aufeinander abgestimmt handelten. Der Knappe des Ritters führte das Pferd an der rechten Hand. Der Kauf und die Haltung eines Schlachtrosses waren sehr kostspielig.

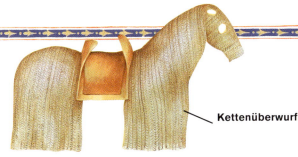

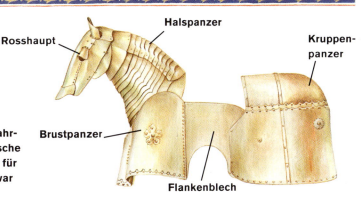

▲ Für Pferde gab es eine spezielle Rüstung. Dies war zunächst ein Überwurf aus gefüttertem Stoff oder ein Kettenbehang.

▶ Gegen Ende des 15. Jahrhunderts führten italienische Ritter die Plattenrüstung für Schlachtrösser ein. Sie war jedoch sehr kostspielig.

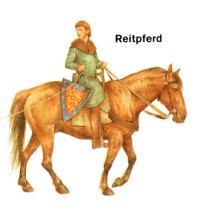

Reitpferd

Schlachtross

Zelter

Der Sattel bot dem Ritter einen festen Sitz, von dem aus er kämpfen konnte. Oft war der Sattel aus Buchenholz gefertigt und mit Leder überzogen und hatte vorn und hinten hohe Stützen, die Bogen. Der Reiter fand mit seinen ausgestreckten Beinen in den Steigbügeln Halt. An den Absätzen trug er Sporen, Metalldorne, mit denen er das Pferd antreiben konnte. Seit etwa 1240 wurden manchmal kleine Rädchen mit Dornen an den Sporen angebracht. Der Ritter hielt die Zügel in der linken Hand. Nur die perfekte Beherrschung des Pferdes konnte beim Angriff den geordneten Aufmarsch sichern.

▶ Ein Ritter des Templerordens lässt einen Mitstreiter bei sich aufsitzen. Dies zeigt, dass der Orden bescheidenen Ursprungs war – die Gründungsritter hatten oft nur zu zweit ein Pferd.

Kriegshunde

Scharfe Hunde, zum Beispiel Mastiffs, dienten in Heerlagern als Wächter. Gelegentlich wurden sie auch auf feindliche Soldaten gehetzt.

Offene Feldschlacht

Ein Heer auf dem Marsch verwüstete das Land. Die Soldaten töteten die Bauern und verbrannten alles, was für den Feind von Nutzen sein konnte. Einige Ritter zogen voraus, um Stellung und Stärke des Feindes auszukundschaften. Dem Heer folgte der Tross mit Proviantwagen und Kranken oder Verwundeten. Auf beiden Seiten schmiedeten die Heerführer Pläne, wie sie den Feind in eine Falle locken konnten, oder auch, wie die Schlacht zu vermeiden war. Schlechtes Wetter, die Beschaffenheit des Geländes, Verrat und Hunger, all dies spielte bei ihren Entscheidungen eine Rolle.

▲ So standen sich die Heere in der Schlacht bei Poitiers am 19. September 1356 gegenüber. In den Wäldern verborgene Waliser Bogenschützen bereiteten der angreifenden französischen Ritterschaft eine vernichtende Niederlage. Die Überlebenden setzten den Kampf am Boden fort und fanden zu Tausenden den Tod. Dann schickte der „Schwarze Prinz" Truppen, die die Franzosen von hinten angriffen. Nur wenige konnten sich durch die Flucht retten.

Eilends wurden für die Verteidigung Pfähle eingegraben oder Fußangeln in den Boden gerammt. Wenn die Truppen Aufstellung nahmen, beteten sie um ihr Leben und erflehten die Hilfe Gottes für ihre Sache. Meist begann die Schlacht mit einem Lanzenangriff der Ritter, die mit ihren Pferden von den feindlichen Bogenschützen gnadenlos unter Beschuss genommen wurden. Dann löste sich das Treffen rasch in einen Kampf Mann gegen Mann auf, ein Gemetzel, in dem Blut und Schlamm spritzten. Manchmal kämpften die Ritter zu Fuß und bildeten dabei einen dichten Keil aus Rüstung und Waffen. Schlachten dauerten ein bis drei Tage, aber nicht selten standen sich die Heere schon tagelang vorher gegenüber.

Lagerleben

Wenn das Heer sein Lager aufschlug, reihten sich an den Hängen der Berge die bunten Zelte der Ritter. Soldaten durchsuchten die umliegenden Gehöfte und Dörfer nach Essbarem für die Truppe.

Verteidigung

Zum Schutz vor dem bevorstehenden Angriff schlugen die Bogenschützen zugespitzte Pfähle in den Boden. Sie nahmen hinter den Pfählen Aufstellung, um das feindliche Heer zu erwarten.

Nach der Schlacht

Tausende konnten in einer einzigen Schlacht ihr Leben lassen. Viele der Verwundeten wurden durch einen Dolchstoß und Schwerthieb von ihrem Elend erlöst, doch manche krochen davon, um sich von Freunden, Mönchen oder Nonnen verbinden zu lassen.

◀ Im Jahre 1356 drang der englische König Eduard, der seiner schwarzen Rüstung wegen der „Schwarze Prinz" genannt wurde, mit 8000 Engländern und Gascognern in Frankreich ein. Bei Poitiers geriet er in eine offene Feldschlacht. Obwohl sein Heer nur halb so groß war wie das des Feindes, nahm es den französischen König gefangen und gewann die Schlacht. Die Franzosen kämpften tapfer, doch fast 2500 ihrer Ritter fielen – mehr noch als gefangen genommen wurden.

Freigekauft

 Während einer Schlacht oder einer Belagerung versuchte jede Seite, möglichst viele feindliche Ritter gefangen zu nehmen. Die Gefangenen wurden jedoch gewöhnlich nicht getötet, sondern man forderte ein Lösegeld für sie. Sie blieben also Gefangene, bis die verlangte Summe eintraf. Das Lösegeld zahlten die Familie des Ritters oder seine Freunde. Manchmal wurde aber so viel Geld gefordert, dass der Ritter jahrelang in Gefangenschaft blieb – nicht selten sogar ein Leben lang.

▲ Auf den Kreuzzügen gefangen genommene Christen wurden von den Sarazenen enthauptet. In diesen „heiligen" Kriegen töteten und folterten beide Seiten unzählige Kriegsgefangene. Als die Kreuzfahrer 1099 Jerusalem einnahmen, wateten sie im Blut der Stadtbewohner. Doch für die meisten Sieger war ein lebender Ritter mehr wert als ein toter, weil ihnen ein gutes Lösegeld winkte.

Gleichrangige

Zwei Ritter, die am Tag zuvor noch gegeneinander gekämpft hatten, konnten sich am nächsten Tag höflich grüßen, denn das verlangten die ritterlichen Anstandsregeln. Meist fühlten sich Ritter mit ihresgleichen weit mehr verbunden als mit ihren Fußsoldaten.

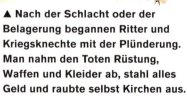

▲ Nach der Schlacht oder der Belagerung begannen Ritter und Kriegsknechte mit der Plünderung. Man nahm den Toten Rüstung, Waffen und Kleider ab, stahl alles Geld und raubte selbst Kirchen aus.

▶ Ein gefangener Ritter wurde gewöhnlich gut behandelt. Er speiste mit seinem Feind, spielte mit ihm Schach oder ging mit ihm auf die Jagd.

Das Lösegeld für einen König war enorm hoch. Im Jahre 1250 geriet der französische König Ludwig IX. auf einem Kreuzzug in die Gefangenschaft der Sarazenen. Er konnte sich befreien, indem er ihnen die ägyptische Stadt Damietta überließ und überdies eine riesige Summe Gold zahlte. 1385 beklagten sich englische Truppen, die als Söldner für König Johann I. von Portugal kämpften, bitter darüber, dass ihnen Kriegsbeute entging, als der König nach der Schlacht von Aljubarrota kein Lösegeld für die kastilischen Gefangenen verlangte. Nur bei Rittern lohnte sich die Forderung nach einem Lösegeld. Gemeine Soldaten, die keine reichen Verwandten hatten, wurden ebenso wie die Männer, Frauen und Kinder einer eroberten Stadt einfach umgebracht.

▲ Die Zahlung des Lösegeldes konnte daheim Elend und Bitterkeit zur Folge haben. Von einem Vasall wurde erwartet, dass er sein Land verkaufte, um Lösegeld für seinen Herrn beizusteuern. Die Bevölkerung Englands litt unter der Last der hohen Steuern, als König Richard I. Löwenherz 1193 für Unsummen freigekauft werden musste.

Freiheit – teuer erkauft

Der Ritter wurde in einer Burg gefangen gehalten, bewacht vom Burgvogt. Wenn endlich das Lösegeld eintraf, verhandelte ein Herold über seine Freilassung. Gegen Ende des 12. Jahrhunderts wurde in Frankreich der Orden der Trinitarier gegründet. Sein Ziel war der Loskauf christlicher Ritter, die während der Kreuzzüge in Gefangenschaft geraten waren.

Bevor ein Feldherr mit einer Belagerung begann, versuchte er vielleicht, die Wachmannschaften zu bestechen und so in die Burg zu gelangen oder die Brunnen der Burg zu vergiften.
Wenn das nicht gelang, kreisten die Truppen des Befehlshabers die Burg ein, brannten die umliegenden Häuser und Höfe nieder und schnitten die Versorgungswege ab. Ochsenkarren brachten die Teile der Belagerungsmaschinen bis in die Nähe der Mauern, wo sie zusammengesetzt wurden. Vielleicht kam auch ein Gesandter aus der Burg, um die Kampfbedingungen auszuhandeln.

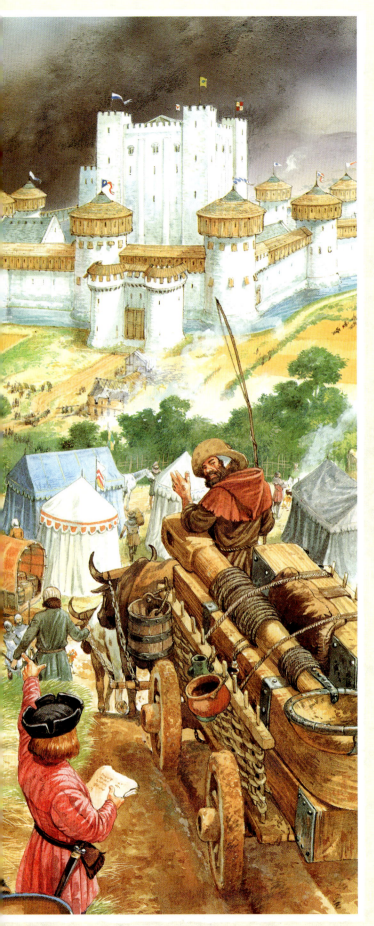

Belagert!

Der Führer eines feindlichen Heeres, der die Burg und das umliegende Land erobern wollte, musste sein Vorgehen sorgfältig planen. Bevor er die Belagerung in Angriff nahm, sah er sich das Gelände genau an. War die Burg leicht zu umzingeln? Wo lagen ihre Schwachpunkte? Wo konnten die Belagerungswaffen am wirkungsvollsten eingesetzt werden?

▲ 1370 belagerten die Engländer die französische Stadt Troyes. Dieses um 1470 entstandene Gemälde zeigt englische Herolde, die die Franzosen auffordern, sich zu ergeben.

Wenn die Burg nicht schnell einzunehmen war, versuchten die Angreifer, die Bewohner der Burg auszuhungern, sodass sie aufgeben mussten. Nur wenige Burgen hielten eine solche Belagerung bis zum Ende durch. Der Burgvogt brauchte die Burg nur 40 Tage lang zu verteidigen. Hatten der Burgherr oder sein König bis dahin keine Hilfe geschickt, durfte sich der Burgvogt ehrenvoll ergeben.

Angriff!

Der Kampf hat begonnen. Die Feinde haben die Belagerungswaffen – den Tribock und die Mange – zusammengebaut und in Stellung gebracht. Nun schleudern sie Steine und Brandgeschosse gegen die Verteidigungsanlagen. Der Burggraben ist trockengelegt und mit Reisigbündeln und Erde aufgefüllt worden. Die Belagerer erklimmen eine lange, an die Mauer gelegte Sturmleiter, und der Belagerungsturm hat die Wehrgänge erreicht. Die Verteidiger suchen hinter den hölzernen Hurden Schutz oder finden in den Nischen hinter den Schießscharten Deckung und erwidern das Feuer der Angreifer.

1 Schutzmaßnahmen
Bogen- und Armbrustschützen wurden vor dem Feuer der Belagerten durch Pavese – große hölzerne Schilde – gedeckt.

2 Aufgefüllter Graben
Wenn der Burggraben trockengelegt war, wurde er aufgefüllt, damit die Belagerungsmaschinen bis dicht an die Mauern herangerollt werden konnten.

3 Rammbock
Die Soldaten, die den Rammbock gegen das Burgtor schoben, standen unter einem Holzgestell, das zum Schutz gegen Brandgeschosse mit feuchten Tierhäuten bespannt war.

Unterminierung
Bevor es Burggräben gab oder wenn der Burggraben trockengelegt worden war, konnten die Angreifer versuchen, sich unter der Mauer durchzugraben. Die unterirdische Mine, der Stollen, wurde dann mit Holz abgestützt, welches verbrannt wurde und die Mauer zum Einsturz brachte.

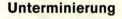

4 Belagerungsturm
Mit dem Turm konnten die Angreifer bis an die Wehrgänge heranfahren.

5 Tribock
Das hohe Wurfgeschütz arbeitete mit einem schweren Gegengewicht. Ein Korb am anderen Ende des Schleuderarms enthielt Steingeschosse.

6 Mange
Dies war eine fahrbare große Armbrust, die 2 m lange Bolzen oder Steinkugeln verschoss.

7 Bombarden
Die Geschützrohre konnten auf Gerüsten nach oben oder unten verstellt werden.

Ende der Belagerung

Woche um Woche vergeht. Alle Versuche, die starken Burgmauern zu erstürmen, schlagen fehl. Die Belagerer ermüden, und die Truppen murren, sie vergeudeten ihre Zeit. Wenn sie die Mauern nicht brechen können, warum sollten sie nicht versuchen, die Wachen mit Gold zu bestechen? Auch die Belagerten haben Probleme. Die Nahrungsmittel werden knapp, und Wasser ist streng rationiert. Doch dann wendet sich das Glück der Verteidiger – ein Späher entdeckt ganz in der Ferne das Glänzen von Rüstungen. Hilfe naht, sie ist nur einen Tagesmarsch entfernt.

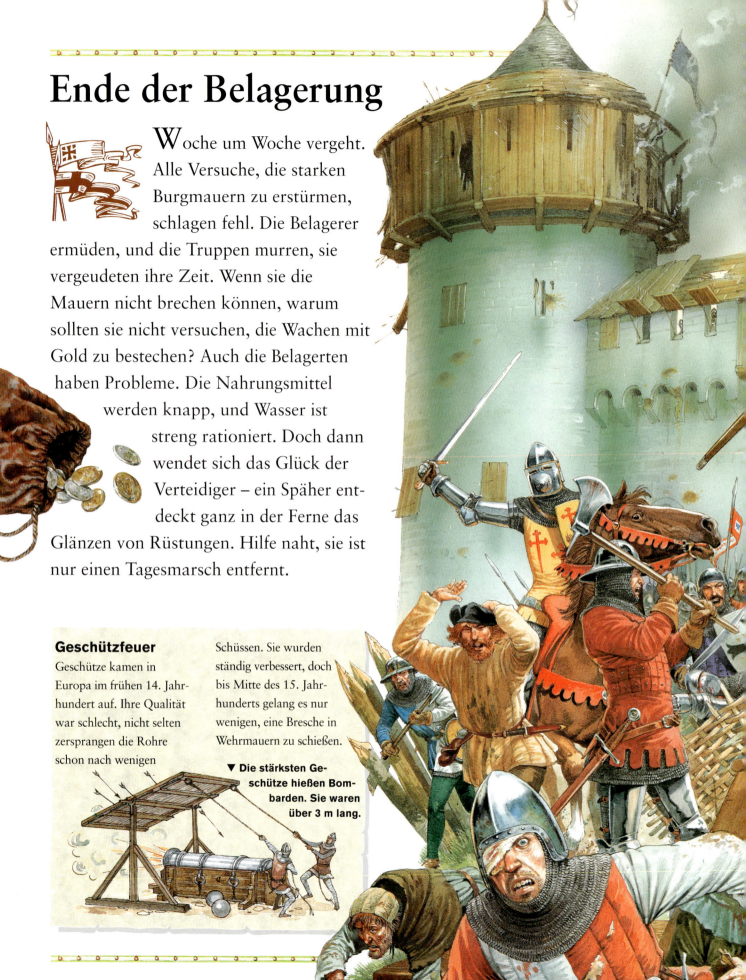

Geschützfeuer
Geschütze kamen in Europa im frühen 14. Jahrhundert auf. Ihre Qualität war schlecht, nicht selten zersprangen die Rohre schon nach wenigen Schüssen. Sie wurden ständig verbessert, doch bis Mitte des 15. Jahrhunderts gelang es nur wenigen, eine Bresche in Wehrmauern zu schießen.

▼ Die stärksten Geschütze hießen Bombarden. Sie waren über 3 m lang.

▲ Nach der Einnahme wurde eine Burg oder befestigte Stadt meist geplündert, und jeder Soldat erhoffte sich einen Anteil an der Beute.

Keine Gnade

Die Belagerer zeigten vermutlich wenig Erbarmen, wenn sie die Burg einnehmen konnten, bevor ihre Verteidiger sich ergaben. Gefangen genommene Fußsoldaten wurden oft gnadenlos umgebracht. Rittern erging es meist besser. Sie wurden als Geiseln genommen, bis ihre Freunde oder Landsleute ein hohes Lösegeld für ihre Freilassung zahlten.

Innerhalb der belagerten Burg versammelt sich ein Trupp Ritter und Fußsoldaten dicht hinter einer kleinen Ausfallpforte, der Poterne. Plötzlich wird sie aufgestoßen, und die Soldaten drängen heraus. Ihr Ziel ist es, die Belagerungsmaschinen zu zerstören und die Männer zu töten, die sie bedienen. Die Belagerer sind überrumpelt, sie sitzen in der Falle – denn hinter ihnen rückt das Entsatzheer immer näher.

Königliches Lösegeld

Lösegelder konnten sehr hoch sein. 1193 verlangte der römisch-deutsche Kaiser Heinrich VI. 150 000 Mark (heute etwa 10 Millionen Euro) für die Befreiung des englischen Königs Richard Löwenherz aus der Gefangenschaft.

Die Mauren, zu deren Herrschaftsgebiet auch Nordafrika gehörte, nannten ihr Land in Spanien Al'Andalus. Es war in Taifas oder Teilreiche aufgeteilt. Die Rückeroberung Spaniens durch die Christen begann 727 im Norden. In dieser Zeit tobten in ganz Spanien Kriege wie Waldbrände. Es waren nicht nur Konflikte zwischen den christlichen Rittern und den Mauren. Maurische Herrscher ebenso wie die christlichen Könige waren untereinander in endlose Machtkämpfe verstrickt. Der christliche Ritter El Cid wurde von beiden Seiten hoch geachtet. Im Jahre 1081 verteidigte er das Maurenreich Saragossa gegen die Christen.

▲ El Cid und seine siegreichen Ritter eroberten 1094 nach monatelanger Belagerung Valencia von den Mauren. El Cid wurde Herrscher von Valencia und der berühmteste Ritter Spaniens. Sein maurischer Beiname kam von al-Sayyid, was „Herr" bedeutet. Sein richtiger Name war Rodrigo Díaz de Vivar.

Konflikte

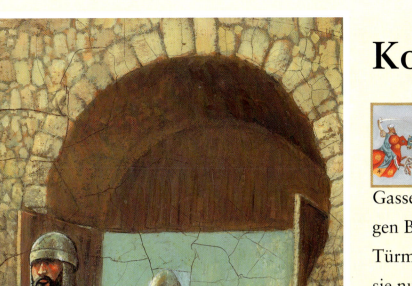

Besucher aus aller Welt bestaunen Europas mittelalterliche Städte – die engen Gassen und schiefen Häuser, die mächtigen Burgen und die hoch aufragenden Türme der Kathedralen. Dabei vergessen sie nur allzu leicht, dass das Leben im Mittelalter zwar bunt bewegt und aufregend war, aber auch kurz und erbärmlich sein konnte. Viele Gegenden in Europa und im Vorderen Orient wurden zu Schlachtfeldern, auf denen jahrhundertelang Kriege tobten.

▲ Blick auf die Mauern der Alhambra über der spanischen Stadt Granada. Dieser Komplex umfasst die gewaltige Festung Alcazaba sowie den märchenhaft schönen Palast Casa Real. Die Alhambra wurde im Mittelalter von Granadas muslimischen Herrschern errichtet. Ihre Eroberung 1492 durch die Christen bedeutete das Ende jahrhundertelanger Kriege mit den Mauren in Spanien.

Heilige Kriege

Seit 1096 drangen christliche Kreuzfahrer in immer neuen Wellen in das „Heilige Land" der Bibel ein, das sich damals in den Händen der Mauren befand. Sie folgten dem Ruf von Päpsten und Königen, die nach Land und Reichtum gierten. Die Kreuzfahrer kamen aus allen Ecken Europas, doch im Vorderen Orient galten sie alle als „Franken". Die meisten von ihnen waren Ritter und Soldaten, doch auch einfaches Volk machte sich auf den Weg, in der Hoffnung, gottgefällig zu handeln. Viele von ihnen raubten und plünderten unterwegs und scheuten auch vor Mord nicht zurück.

Krieger des Islam
sarazenischer Reiter

Wie die christlichen Ritter trugen auch viele sarazenische Krieger Kettenhemden als Schutz unter ihrer Kleidung. Andere schützten sich durch wattierte, aus kleinen Metallplättchen gefertigte Hemden. Sie waren mit langen Schwertern und runden Schilden bewaffnet. Türkische Bogenschützen hatten kurze, kräftige Bögen und schossen ihre Pfeile beim Reiten ab.

Ritter der Kreuzfahrerstaaten

Die Kreuzfahrer eroberten 1099 Jerusalem und teilten den Küstenstreifen in neue christliche Königreiche ein. Man nannte sie die Kreuzfahrerstaaten. Viele der Christen, die sich dort niederließen, nahmen sehr schnell die Lebensweise der Orientalen an.

Als das Kreuzfahrerheer durch das Tal zum See Genezareth zog, stellten sich ihm Saladins Truppen in den Weg. Sie waren in drei Divisionen geteilt, die unter dem Befehl Saladins, seines Bruders Taqi al Din sowie Gökböris standen; alle wurden von zahlreichen Freiwilligen unterstützt.

HATTIN, 4.7.1187

sarazenische Freiwillige

Taqi al Dins Division

Graf Raimund versucht im Norden die Reihen der Muslime zu durchbrechen und zum Wasser zu gelangen.

König Guys Division rückt bis zum Fuß der Berge vor und versucht, ein Verteidigungslager zu errichten.

Hauptheer der Kreuzfahrer

Von Sarazenen gelegte Steppenbrände entlang der Marschroute der Kreuzfahrer.

Nachhut der Kreuzfahrer

Gökböris Division

Das Kreuzfahrerheer bestand aus den Truppen des Königs Guy von Jerusalem in der Mitte, Graf Raimund mit der Vorhut sowie der Nachhut.

Ein Teil der Nachhut flieht südlich an Gökböris Division vorbei.

Die Kreuzzüge mochten als „heilige" Kriege angesehen sein, doch sie brachten Schrecken und Elend in den Vorderen Orient. Zwischen 1096 und 1270 wurden acht größere Kreuzzüge unternommen. Dabei waren die Ziele der Ritter nicht immer ganz klar. Im Jahre 1204 wandte sich ein Kreuzfahrerheer sogar gegen die christliche Stadt Konstantinopel. 1291 eroberten Muslime die Stadt Akko – damit war das Heilige Land für die Christen für immer verloren.

▼ Sowohl Kreuzfahrer als auch Sarazenen errichteten Burgen im Heiligen Land. Es waren starke, nur schwer einnehmbare Festungen. Immer wieder wurden sie mal von der einen, mal von der anderen verfeindeten Partei belagert. Dies ist die Burg Belvoir, die das Jordantal bewachte.

Saladin

Salah ad-Din lebte 1137 bis 1193. Er war der berühmteste Sarazene überhaupt. In Europa nannte man ihn Saladin. Der geborene Kurde war ein kluger Feldherr, der Herrscher von Ägypten und Syrien wurde. Er war weise und genoss auch bei manchem Kreuzritter wegen seiner Ritterlichkeit hohe Achtung.

Bergrücken von Hattin

Schließlich legen die erschöpften Soldaten König Guys die Waffen nieder und gehen in die Gefangenschaft.

Saladins Division

◀ Im Jahre 1187 trafen die christlichen Heere der Kreuzfahrerstaaten bei Hattin nordwestlich des Sees Genezareth auf Saladins Truppen. Es war ein heißer Tag und die Christen litten Durst. Als eine heilige Reliquie gestohlen wurde, von der man glaubte, sie stamme vom Kreuz Jesu, brach Panik aus. Tausende von christlichen Rittern fanden den Tod, niedergemäht von den sarazenischen Bogenschützen und verbrannt in Steppenbränden.

Tataren

In Erinnerung an einen Turmwächter, der von einem Tatarenpfeil getroffen wurde, bläst noch heute jede volle Stunde ein Trompeter von einem Turm der Marienkirche im polnischen Krakau. Von 1237 bis 1242 unterwarfen Tatarenheere, bestehend aus Mongolen und anderen zentralasiatischen Völkern, Russland, die Ukraine, Polen und Ungarn. Die Tataren waren grausame Krieger und brillante Reiter, die überall gefürchtet waren.

Ritt nach Osten

Von 1150 bis 1250 verließen unzählige arme Bauern mit ihren Familien die übervölkerten Landstriche Hollands. Sie wollten in Preußen, Polen, Ungarn und den baltischen Ländern ein neues Leben beginnen. Mit ihnen kamen ihre Beschützer, ritterliche Veteranen der großen Kreuzfahrerorden wie des Deutschen Ordens. Diese hatten vom Papst in Rom einen Sonderauftrag erhalten. Sie sollten versuchen, die vielen Ungläubigen im Osten Europas zum christlichen Glauben zu bekehren.

▼ Die Deutschen Ritter nannten die Burg Marienburg, für die Polen war es Malbork. Mit dem gewaltigen Festungsbau an den Ufern der Weichsel bei Danzig wurde 1274 begonnen. 1309 zog der Hauptsitz des Deutschen Ritterordens von Venedig hierher. Zur Burganlage gehörten drei gewaltige Festungen und ein prächtiger Palast für den Hochmeister des Ordens.

◀ Am 5. April 1244 griffen die Deutschen Ordensritter über den gefrorenen Peipussee an der Ostgrenze Estlands an. Ihre Feinde waren die Russen von Nowgorod unter der Führung von Alexander „Newskij". Die „Eisschlacht auf dem Peipussee" dauerte den ganzen Tag. Die Deutschen Ritter wurden auf dem Eis niedergemacht oder im eisigen Wasser ertränkt. Damit war ihrem Versuch, ihren Einfluss auf Russland auszudehnen, ein Ende gesetzt.

Außer diesem heiligen Krieg hatten die Ritter noch andere Gründe für ihren Ritt nach Osten. Sie wollten die von der Hanse, einem mächtigen Städtebund, angelegten Handelsstraßen verteidigen und dazu Land und Macht gewinnen. Ihre Rechnung ging auf. Mitte des 14. Jahrhunderts beherrschte der Deutsche Orden weite Gebiete an der Ostsee. Doch 1386 vereinigte sich Polen mit Litauen zu einem Großreich und begann, sich gegen den mächtigen Ritterorden zu wehren. Dieser wurde bei Tannenberg 1410 besiegt.

▼ Am 15. Juli 1410 besiegten die Ritter Polens, darunter König Wladislaw Jagiello, das Heer des Deutschen Ordens bei Tannenberg in Preußen. Ursprünglich hatten die Polen die Deutschen Ritter in ihr Land geholt, damit sie ihnen bei der Bekämpfung der Heiden halfen.

Im Laufe der Jahre aber machten die Polen schlechte Erfahrungen mit dem immer mächtiger werdenden Orden. Bei Tannenberg fügten sie dem Deutschen Ritterheer eine vernichtende Niederlage zu und töteten 200 von ihnen, darunter den Hochmeister Ulrich von Jungingen.

75

▼ Im September 1415 landete ein englisches Heer unter dem Befehl König Heinrichs V. bei Harfleur in Frankreich. Über 1200 Soldaten blieben in der eingenommenen Stadt, während 6000 nach Calais weitermarschierten. Bei Azincourt stießen sie auf ein noch stärkeres französisches Heer, das sie aus dem Land vertreiben wollte.

Schlachtfelder

Französisch war die Sprache des Rittertums, der höfischen Liebe und der Heraldik in ganz Europa. Doch Frankreich selbst war jahrhundertelang umkämpft. Große Gebiete im Südwesten Frankreichs standen unter der Herrschaft der englischen Könige, die als Grafen von Anjou das Land besaßen. Obwohl sie normannischer Abstammung waren und französisch sprachen, lagen die englischen Könige mit Frankreich bis zum Ende des Hundertjährigen Krieges, einer Reihe von Schlachten zwischen 1338 und 1453, im Krieg. Jahr für Jahr überquerten englische Truppen den Kanal, fielen in Frankreich ein und verwüsteten das Land.

▼ Im Jahre 1358 kehrten zwei französische Ritter, der Captal de Buch und der Graf von Foix, aus den Kriegen in Osteuropa heim. Als sie sich Meaux näherten, hörten sie von einem Bauernaufstand. Sie drangen mit 25 anderen Rittern und Gefolgsleuten in die Stadt ein und ermordeten Tausende von schlecht bewaffneten Rebellen.

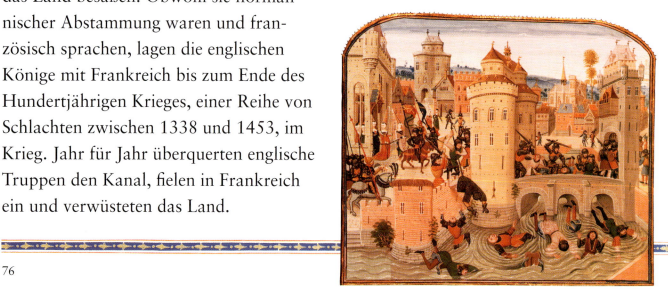

Die Engländer waren aber nicht das einzige Problem. Die Bretagne war mit Frankreich mal verbündet, mal verfeindet. Im 14. und 15. Jahrhundert fielen Ostfrankreich, Luxemburg und Flandern an die Herzöge von Burgund. Diese lagen in tödlicher Fehde mit den französischen Königen, ihren nahen Verwandten, und führten große Heere ins Feld, die sich manchmal mit England gegen die Franzosen verbündeten.

Carcassonne

Verbrennt die Ketzer!

Im Jahre 1208 rief der Papst Innozenz III. zu einem neuen Kreuzzug auf – nicht gegen die Muslime, sondern gegen Christen in Südfrankreich. Die Katharer hingen Glaubensvorstellungen an, die von denen der Kirche abwichen, und wurden zu sündigen Ketzern erklärt. Angelockt von der Aussicht auf reiche Kriegsbeute, eilte ein französisches Ritterheer aus dem Norden nach Süden. Tausende von Katharern wurden ermordet. Vor der Festung Carcassonne wurden viele von ihnen gefangen genommen und lebendig verbrannt.

Azincourt

Am 25. Oktober 1415 versuchten französische Ritter die englischen Feinde auf einem morastigen Gelände beim Dorf Azincourt zu besiegen. Sie erlitten eine Niederlage und über 7000 Franzosen fanden den Tod.

ENDE DER RITTERZEIT

Vor rund 500 Jahren war das Rittertum so hoch angesehen wie eh und je. Turniere waren in Mode und Wappen wurden stolz getragen. Doch in der Schlacht waren die Ritter gegen Kanonen machtlos. Burgen lagen in Trümmern. Immer mehr Menschen arbeiteten für Geld und nicht mehr, weil sie dazu nach dem Feudalsystem verpflichtet waren. Staaten wie Spanien, Portugal, England und Frankreich machten sich daran, Asien und Nord- und Südamerika, die „Neue Welt", zu entdecken. Der Westen Europas drohte durch Kriege zwischen der Kirche in Rom und den Protestanten, die der Lehre des Mönchs Martin Luther anhingen, zerrissen zu werden. Das Zeitalter der Ritter verblasste.

Spanische Konquistadoren in der Neuen Welt

In Konstantinopel trifft Europa mit Asien zusammen. Als die Stadt 1453 von den Heeren des osmanischen Türkenreichs erobert wurde, bedeutete dies das Ende der Kreuzritterideale des Rittertums.

Der Fall Konstantinopels

Am 29. Mai 1453 drangen muslimische Türken nach einer 52-tägigen Belagerung in Konstantinopel ein. Diese alte Stadt, das heutige Istanbul, war die Hauptstadt des christlichen Byzantinischen Reiches. Gegründet wurde die Stadt 330 n. Chr. von den Römern. Die Eroberung der Stadt war ein Schlag für die Christenheit und beendete das letzte Kapitel der Kreuzzüge.

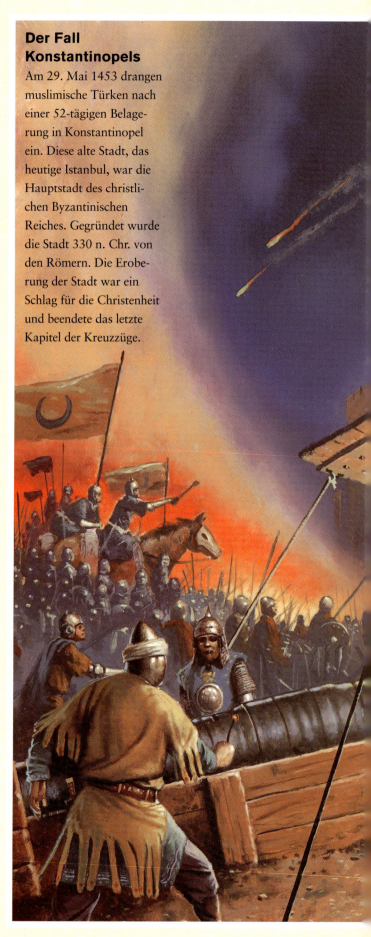

▼ Am späten Nachmittag des 28. Mai 1453 lag eine schaurige Stille über Konstantinopel. Plötzlich aber ertönten Trompeten und Becken. Ein gewaltiges Heer unter dem Befehl des türkischen Sultans Mohammed II. stand vor den Mauern der Stadt. Kurz vor Sonnenuntergang schossen die Bogenschützen beider Seiten ihre tödlichen Pfeilhagel ab. Bald schlugen schwere Kanonenkugeln gegen die Mauern. Immer neue Wellen von Angreifern stürmten heran. Der letzte Kaiser von Byzanz, Konstantin XI., fiel im Kampf.

Die Christen warfen Steine über die Mauern und töteten Tausende Feinde. Doch immer mehr Türken rückten nach. Im Morgenlicht des 29. Mai marschierten die Türken in die Stadt und pflanzten ihre Fahnen auf. Die Einwohner wurden zu Tausenden in die Sklaverei verkauft.

Andere Ritter

Gab es auch in anderen Ländern und zu anderen Zeiten Ritter? Zwar gab es jede Menge berittene Krieger außerhalb Europas, doch sie waren nicht mit den europäischen Rittern des Mittelalters vergleichbar. Nur in Japan könnte ein zwischen dem 10. und 19. Jahrhundert lebender Ritter deren Lebensweise verstanden haben. Dort lebten Krieger mit strengen Idealen von Ehre, Pflicht und Treue und, etwa seit dem 16. Jahrhundert, auch in hoch gelegenen Burgen. Die Ritter Japans, die Samurai, nahmen einen geachteten gesellschaftlichen Rang ein. Sie trugen Rüstungen und Schwerter und führten in der Schlacht Flaggen mit dem Emblem ihres Herrn.

◀ Wie die Ritter Europas wurden die berittenen Samurai von Fußsoldaten unterstützt.

Die Waffen der Samurai

Die klassische japanische Rüstung hieß o-yoroi oder „große Rüstung". Sie bestand aus einer eisernen Brustplatte sowie Schulterschützern und einem Rock aus kleinen, lackierten Metallplättchen. Diese waren mit Seidenschnüren miteinander verknüpft. Als Waffen trug der Samurai-Krieger einen Bogen sowie messerscharfe kurze und lange Schwerter. Samurai-Krieger kämpften für Kriegsherren und Kaiser.

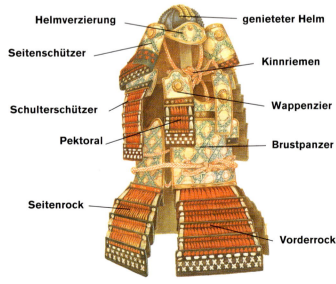

- Helmverzierung
- Seitenschützer
- Schulterschützer
- Pektoral
- Seitenrock
- genieteter Helm
- Kinnriemen
- Wappenzier
- Brustpanzer
- Vorderrock

80

◀ **Han-Krieger, 200 v. Chr.**
Reiter schützten chinesische Städte vor den wilden Kriegerhorden Zentralasiens.

◀ **Römische Hilfstruppen, 200 n. Chr.**
Zur Kavallerie der römischen Armee gehörten Hilfssoldaten mit Kettenrüstung.

▶ **Gotischer Kriegshäuptling, 400 n. Chr.**
Wilde Krieger aus dem Norden und Osten fielen in Südeuropa ein und zerstörten das Römische Reich.

▶ **Englischer Arkebusier, 1650**
Dieser berittene Soldat des englischen Bürgerkriegs trägt noch Brustpanzer und Helm, ist jedoch mit einem Gewehr, der Arkebuse oder Hakenbüchse, und dem Schwert bewaffnet.

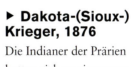

◀ **Preußischer Offizier, 1815**
In der Schlacht von Waterloo kämpfte die Kavallerie noch mit Lanzen und Schwertern.

◀ **Bengalischer Lanzenträger, Mitte des 18. Jh.**
Lanzenträger gehörten zur Kavallerie im Indien des britischen Kolonialreiches.

▶ **Afrikanische Kavallerie, 1820**
Berittene Krieger wurden von mächtigen islamischen Reichen in den Ländern südlich der Sahara eingesetzt.

▶ **Dakota-(Sioux-)Krieger, 1876**
Die Indianer der Prärien hatten sich zu einem von den weißen Amerikanern gefürchteten Reitervolk entwickelt.

◀ **Französischer Kürassier, 1914**
Im Ersten Weltkrieg kämpften die Kavallerieeinheiten gegen Gewehre und Kanonen.

▶ Im September 1939 wurde Polen im Westen von den Deutschen und im Osten von der Sowjetunion angegriffen. Die polnische Reiterei ritt mit Lanzen bewaffnet in die Schlacht, wie 1410 ihre Vorfahren bei Tannenberg. Doch Lanzen konnten den Panzern und Flugzeugen des „Blitzkrieges" nicht standhalten.

Rittererzählungen

Die Schlachten des Mittelalters boten meist Bilder des Grauens und Elends, doch Ritter sehen wir noch heute als Helden in schimmernden Rüstungen. Wie schon die Ritter selbst lassen wir uns von den Erzählungen über Ritterlichkeit, Größe und Tapferkeit begeistern. Diese Geschichten handeln von kühnen Abenteuern, Turnieren und Burgen. Viele von ihnen waren alte Sagen, die in der Sprache des Rittertums neu geschrieben wurden.

◀ Diese mittelalterliche französische Illustration zeigt den Tod Rolands, des bekanntesten der Ritter am Hofe Karls des Großen. Die Geschichte von dem Hinterhalt, dem er 778 zum Opfer fiel, wurde in die Ritterzeit verschoben.

Mittelalterliche Epen

Im Mittelalter wurden viele alte Legenden und Lieder zum ersten Mal aufgeschrieben. Viele von ihnen waren über mehr als tausend Jahre mündlich überliefert worden. In den mittelalterlichen Fassungen wurden Krieger und Kriegsherren zu edelmütigen Rittern und Königen und heidnische Zauber zu christlichen Wundern.

◀ Ist dies eine Darstellung von König Artus und seiner Tafelrunde? Nein, es ist eine Fälschung aus dem 14. Jahrhundert. Im 19. Jahrhundert wurde sie noch einmal nachgemalt. Heute hängt sie im Museum der englischen Stadt Winchester.

▶ Dieses Bild zeigt eine Turnierszene – von 1839! Zu dieser Zeit kam das Mittelalter wieder in Mode. Kunstmaler verkauften Gemälde, die Ritter und ihre Damen zeigten. Manch ein Reicher baute sich sogar ein Schloss im mittelalterlichen Stil.

▲ Auf diesem Gemälde von 1862 hält der Ritter Bedivere den sterbenden Artus im Arm. Artus geht vermutlich auf einen keltischen Heerführer im 5. Jahrhundert zurück. In der mittelalterlichen Dichtung wurde er zu einem tapferen König, um den sich edle Ritter scharten.

Wandernde Sänger

Die Geschichten von Artus und seinen Rittern spielen in England und später auch in der Bretagne. Minnesänger brachten sie nach Frankreich, Italien, England und Deutschland. Um 1469 schrieb der englische Ritter Thomas Malory den *Morte d'Arthur* (den „Tod Artus'"). Noch Mitte des 19. Jahrhunderts befasste sich sein Landsmann Alfred Tennyson mit dem Schicksal von König Artus und seiner Tafelrunde.

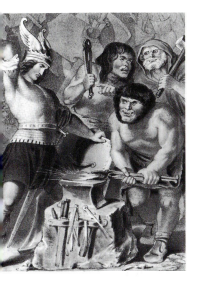

▲ Im *Nibelungenlied*, dem vor 800 Jahren verfassten Epos in mittelhochdeutscher Sprache, wurden alte Sagen über den Helden Siegfried mit historischen Figuren wie dem Hunnenkönig Etzel (Attila) zusammengefügt. Die alten Göttermythen der Germanen wurden zu einer Dichtung über Rittertum und Ritterlichkeit. Mitte des 19. Jahrhunderts verarbeitete Richard Wagner den Stoff zu vier Opern – dem berühmten *Ring des Nibelungen*.

▲ *Camelot* war ein Musical, das 1967 verfilmt wurde. Sein Titel bezieht sich auf Artus' Königshof. Der Film wurde nach Erzählungen von T. H. White gedreht.

▶ Die legendären Kämpfe des englischen Volkshelden Robin Hood gegen die bösen Ritter des Sheriffs von Nottingham sind in zahlreichen Büchern und Filmen beschrieben. Hier eine Szene aus *Robin Hood, König der Diebe* (1991).

▼ Luke Skywalker, der noch immer für Wahrheit und Gerechtigkeit eintritt, kämpft gegen Darth Vader. Der Science-Fiction-Film *Krieg der Sterne* (1977, 1997) ist nicht viel anders als die alten Rittersagen, auch wenn die Schwerter heute Laserwaffen sind. Zwar ging das Mittelalter vor rund 500 Jahren zu Ende, doch haben die Ideale des Rittertums bis in unsere Zeit überlebt.

▲ *Ivanhoe*, ein bekannter Roman von Walter Scott, der 1819 veröffentlicht wurde, handelt von Turnieren, Kreuzzügen und Belagerungen. In den Fünfzigerjahren des 20. Jahrhunderts wurden danach ein Film (oben) und eine Fernsehserie gedreht.

Als die Zeit der Ritter schon längst der Vergangenheit angehörte, erwachte wieder das Interesse an ihren Turnieren und Rittersagen. Tjoste gab es noch im 17. Jahrhundert und dann wieder im 19. Jahrhundert. Noch heute haben Bücher, Theaterstücke, Filme, Fernsehserien und Computerspiele Ritter und Ritterlichkeit zum Thema – wenn auch manch eine dieser Geschichten in anderen Welten spielt!

Burgen in der Geschichte

Die Burgen veränderten sich im Laufe der Zeit. Einfache, von Palisaden und Gräben geschützte Holztürme wurden durch massive, von Mauern und Burggräben umgebene Steinbauten ersetzt. Später glichen die Burgen immer mehr Palästen, gebaut eher für die Bequemlichkeit ihrer Bewohner als für den Schutz und die Beherrschung des umliegenden Landes.

Zeittafel

476 Ende des Römischen Reiches in Europa.

um 700 Der aus Asien übernommene Steigbügel ermöglicht es dem Reiter, im Sattel sitzend zu kämpfen.

um 800 Der Feudalismus entsteht in Westeuropa.

950 Der früheste bekannte Burgenbau in Frankreich in Doué-la-Fontaine, Anjou.

um 1000 Die Normannen tragen den Kettenpanzer.

1066 Eroberung Englands durch die Normannen.

1096 Beginn der Kreuzzüge.

um 1100 Steinerne Bergfriede werden zur Hauptbefestigungsanlage einer Burg. Waffen sind Armbrust und Bogen.

1119 Tempelorden gegründet.

1142 Kreuzritter nehmen die Burg Krak des Chevaliers in Syrien ein.

▲ **um 1000**
Die frühesten Burgen waren Holzbauten. Sie standen auf einem künstlich aufgeschütteten Erdhügel. Wohnturm und Vorburg waren rundum von Palisaden geschützt.

Wohnturm

Motte
Außenhof

▶ Die 1497 gezeichnete Karte zeigt einige der bedeutendsten Burgen in den Ländern Europas und Nordafrikas.

1150–1250 Tausende von Burgen werden im Gebiet des heutigen Deutschlands gebaut.

um 1180 Burgen mit viereckigen Wehrtürmen entstehen.

1187 Jerusalem wird von den Moslems zurückerobert.

1205 Krak des Chevaliers wird von den Johannitern neu erbaut.

um 1200 Kulturelle Blütezeit des Rittertums.

◀ **12. Jahrhundert**
Für den Bau eines massiven Hauptturms oder Bergfrieds wurden jetzt Steine verwendet. Er wird der höchste und festeste Bau der Burg.

um 1220 Wehrtürme sind zunehmend rund.

um 1270 Der Pechnasenkranz ersetzt die hölzernen Hurden.

1271 Krak des Chevaliers fällt an die Moslems zurück.

um 1280 Eduard I. beginnt mit dem Bau vieler Burgen in England und Wales.

1283 Eduard I. erobert Wales.

1291 Ende der Kreuzzüge.

um 1320 Erstmals werden Bombarden eingesetzt.

1330 Der Plattenpanzer wird vorherrschend.

▼ **1290**
Viereckige Burganlagen waren mit Ringmauern, Türmen und Torhäusern befestigt.

innere Ringmauer

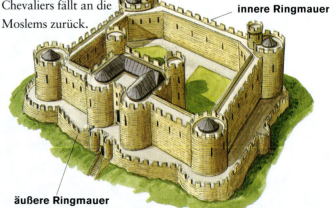

äußere Ringmauer

84

Burgen der Welt

▼ Die Burg Saumur in Frankreich wurde im Laufe des Mittelalters mehrmals neu erbaut.

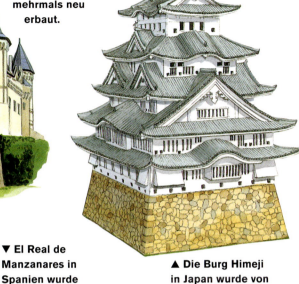

▲ Die Burg Himeji in Japan wurde von Samurai, den japanischen Rittern, bewohnt.

Es gab die verschiedensten Burgentypen. In Frankreich hatten die Burgtürme meist spitze Dächer. Das Mauerwerk spanischer Burgen war unter dem Einfluss des maurischen Baustils oft reich verziert. Außerhalb Europas war Japan das bedeutendste Burgenland. Hier hatten die Burgen überhängende Dächer und einen hölzernen, auf einem Steinsockel stehenden Bergfried.

▼ El Real de Manzanares in Spanien wurde 1473 als Palastburg errichtet.

1337 England beginnt den „Hundertjährigen Krieg" gegen Frankreich.
1347–1351 In ganz Europa sterben 25 Millionen Menschen an der Pest.
um 1350 Einige Burgen in England und Holland werden aus Ziegelsteinen gebaut.
1400 Die Waliser erheben sich gegen die Engländer.

▲ **15. Jahrhundert**
Die meisten europäischen Burgen werden weniger stark befestigt. Herstmonceux in England hat Mauern aus Ziegelsteinen und große Fenster.

ab 1400 Die Bedeutung des Burgenbaus sinkt.

1453 Konstantinopel wird von den Türken erobert. Ende des Mittelalters.

▶ **19. Jahrhundert**
Neuschwanstein war keine echte Burg, sondern eher ein Märchenschloss, das sich der bayerische König Ludwig II. erbauen ließ.

Ritter und Schurken

Alexander „Newskij"
(um 1218–1293)
Russlands berühmtester Ritter, Alexander, war der zweite Sohn des Großfürsten Yaroslaw. Im Jahre 1240 besiegte er die Schweden an der Newa und erhielt so seinen Beinamen. Im Jahre 1242 siegte er über den Deutschen Orden in der „Eisschlacht am Peipussee". Er musste jedoch Tribut an die Tataren zahlen, die zu der Zeit weite Teile Russlands beherrschten.

Alexander „Newskij"

Bohemund von Tarent
(um 1056–1111)
Bohemund war der Sohn des normannischen Abenteurers Robert Guiscard und wurde nach dessen Tode Graf von Apulien in Süditalien. Um 1080 kämpfte er gegen das Byzantinische Reich und schloss sich 1096 zusammen mit seinem Neffen Tankred dem ersten Kreuzzug an. Schließlich wurde er Fürst von Antiochien in den Kreuzfahrerstaaten und war drei Jahre lang Gefangener des Sarazenenführers Malik Ghazi, bevor er siegreich nach Antiochien zurückkehrte.

Clare, Richard von („Starkbogen") (gest. 1176)
Starkbogen war der Sohn des ersten Grafen von Pembroke, einem von den Normannen eroberten Gebiet in Südwales. Im Jahre 1168 forderte Dermot, König von Leinster, Starkbogen auf, ihn im Kampf gegen ein anderes irisches Königreich, Connaught, zu unterstützen. Starkbogen überquerte 1170 die See nach Irland, nahm Dublin und Waterford ein und heiratete Dermots Tochter. Damit begann die Normannenherrschaft in Irland.

Colleoni, Bartolomeo
(1400–1475)
Der bei Bergamo in Italien geborene Colleoni war ein Mensch seiner Zeit. Als Kondottiere kämpfte er gegen Bezahlung und nicht aus Treue zu einem Herrn oder Staat. Während der Kriege zwischen den italienischen Stadtstaaten Mailand und Venedig kämpfte er sogar für beide Seiten – ab 1454 als Befehlshaber für Venedig, wo noch heute ein Reiterstandbild an ihn erinnert.

Coucy, Enguerrand (1340–1397)
Der als geschicktester französischer Ritter seiner Zeit geltende Enguerrand war Graf von Soissons und Marle. Während eines Aufenthalts als Geisel in England heiratete er Isabella, die Tochter König Eduards III. Er wollte in den Kriegen zwischen England und Frankreich neutral bleiben und zog nach Italien, um dort von Österreich beherrschtes Land für sich zu beanspruchen. Seine französischen Truppen wurden von den Türken bei Nicopolis in Griechenland besiegt. Er selbst starb kurz danach.

Eduard, der „Schwarze Prinz"
(1330–1376)
Eduard war der älteste Sohn des englischen Königs Eduard III. Seinen Beinamen verdankt er seiner schwarzen Rüstung, die mit drei silbernen Straußenfedern geschmückt war. Der „Schwarze Prinz" kämpfte in der Schlacht von Crécy 1346 und führte noch mehrere waghalsige Raubzüge in Nordfrankreich durch, bis er die Franzosen bei Poitiers schlug. 1362 wurde er Prinz von Aquitanien und ein Verbündeter Peters des Grausamen, König von Kastilien und León in Spanien.

El Cid (um 1034–1099)
Rodrigo oder Ruy Díaz de Vivar wird in Spanien auch Campeador, der „Kämpfer", genannt. Als Ritter im Dienst von König Alfons VI. wurde er verbannt und ging zu den Mauren, für die er auch gegen christliche Herrscher kämpfte. Im Jahre 1093 eroberte er das Maurenreich Valencia, wo er bis zu seinem Tod herrschte.

Guesclin, Bertrand du
(um 1320–1380)
Der bei Dinan in der Bretagne geborene du Guesclin war für seine Hässlichkeit berühmt. Er zeichnete sich im Kampf gegen die Engländer bei Rennes aus, wo er zum Ritter geschlagen wurde, sowie bei Dinan und Melun. Bei Cocherel kämpfte er mit Karl dem Schlechten von Navarra. 1370 wurde er zum militärischen Oberbefehlshaber Frankreichs ernannt. Du Guesclin erhöhte die Schlagkraft der französischen Ritterschaft und ließ sie entgegen ritterlicher Tradition notfalls auch am Boden kämpfen. Er zahlte seinen Truppen regulären Lohn, damit sie nicht plünderten und brandschatzten, und führte den Gebrauch des Schießpulvers ein. Bei der Belagerung von Châteauneuf-de-Rendon fand er den Tod.

Guiscard, Robert
(um 1015–1085)
Dieser Ritter nahm an der normannischen Eroberung Italiens und Siziliens teil, bei der landlose Ritter Reichtum und Grundbesitz suchten. Er kämpfte gegen das Byzantinische Reich sowie gegen die Sarazenen und trat für die Sache des Papstes gegen Heinrich IV., Kaiser des Heiligen Römischen Reiches, ein.

Hawkwood, Sir John de
(um 1320–1394)
Hawkwood wurde als Sohn eines Färbers geboren. Nachdem er bei Crécy und Poitiers tapfer gekämpft hatte, schlug ihn der englische König Eduard III. zum Ritter. Im Jahre 1360 wurde er Söldnerführer und führte einen Trupp englischer Lanzenträger an, die in den italienischen Kriegen für die Stadtstaaten Pisa und Florenz kämpften.

El Cid

Johann von Böhmen
(1296–1346)
Der Sohn des Grafen Heinrich III. von Luxemburg, Johann, kämpfte für die Bayern und in Italien und wurde König von Böhmen (heute Teil der Tschechischen Republik). Obwohl er bei einem Turnier erblindet war, führte er 1346 500 Ritter nach Crécy, wo er für den französischen König Philip V. kämpfte. Da er nichts sehen konnte, ließ Johann seine Zügel an die seiner Ritter binden und stürzte sich ins Kampfgetümmel, wo er mit seinem Schwert um sich schlug. Er wurde in Stücke gehackt.

Simon de Montfort

Johann von Gent (1340–1399)
Johann war der vierte Sohn des englischen Königs Eduard III. und in Gent geboren. 1362 wurde er Herzog von Lancaster. Im Jahre 1372 erhob er aufgrund seiner zweiten Heirat Anspruch auf die Krone Kastiliens, erhielt Spanien aber nie. Allerdings wurde er Herzog von Aquitanien und seine Nachfahren (durch seine dritte Frau) wurden Könige von England.

le Meingre, Jean
(um 1366–1421)
Nachdem er 1391 Marschall von Frankreich geworden war, geriet Jean während eines unglücklich verlaufenen Kreuzzugs im Jahre 1396 bei Nicopolis in Griechenland in die Gefangenschaft der Türken. Er kam gegen ein Lösegeld frei, stieg zum Gouverneur von Genua in Italien auf und wurde 1415 von den Engländern bei Azincourt gefangen genommen. In der Gefangenschaft in Yorkshire starb er.

Jean le Meingre

Montfort, Simon de
(um 1160-1218)
Der Graf von Leicester war normannischer Abstammung. Er führte 1208 den grausamen Kreuzzug gegen die Katharer in Südfrankreich durch. Bei der Belagerung von Toulon fand er den Tod.

Montfort, Simon de, der Jüngere
(um 1208–1265)
Der Sohn des obigen Grafen von Leicester heiratete die Schwester Heinrichs III. von England und wurde mit der Regierung der Gascogne (heute zu Frankreich gehörend) beauftragt. Bald überwarf er sich mit dem König und führte die englischen Barone (die mächtigen Lords) in einem Bürgerkrieg an, nach dem das erste englische Parlament gebildet wurde. Nach einer Auseinandersetzung mit den Baronen wurde er 1265 bei Evesham geschlagen.

Owain Glyndwr
(um 1354–1416)
Der Fürst von Wales diente beim Grafen von Arundel als Knappe. Im Jahre 1400 kam es zu einem Feudalstreit mit seinem englischen Nachbarn Reginald Grey, Lord von Ruthin. Dies führte zu einem Aufstand, der sich zu einem walisischen Unabhängigkeitskrieg ausweitete. Owain erhielt in Irland, Schottland, Frankreich und auch in England Unterstützung. Die Waliser unterlagen 1413, doch Owain wurde nie gefangen genommen.

Percy, Sir Henry (1364–1403)
Henry, der kampfbesessene Sohn des Grafen von Northumberland in England, kämpfte schon mit 14 Jahren. Er schlug sich mit Franzosen, Schotten und Waliser, mit denen er sich später verbündete. In der Schlacht bei Shrewsbury verlor er im Kampf gegen König Heinrich IV. sein Leben.

Richard I. von England, „Löwenherz" (1157–1199)
Der Sohn von Heinrich II. und Eleanor von Aquitaine war ein berühmter Ritter und Herrscher, der vor allem wegen seiner Rolle in der Kreuzzugszeit bewundert wurde. Allerdings konnte er Jerusalem nicht einnehmen und schloss schließlich Frieden mit Saladin. Auf dem Heimweg wurde er von Leopold, Herzog von Österreich, gefangen genommen und an seinen Feind, den Kaiser Heinrich IV., ausgeliefert. Das englische Volk musste für seine Freilassung eine sehr hohe Summe zahlen.

Tankred (1078–1112)
Der normannische Fürst Tankred ging 1096 mit seinem Onkel Bohemund von Tarent auf den ersten Kreuzzug. Als begabter Krieger nahm er an Belagerungen überall im Heiligen Land teil. Er wurde einer der wichtigsten Herrscher der Kreuzfahrerstaaten und regierte in Tiberias, Antiochien und Edessa.

Tankred

Wallace oder Walays, Sir William
(um 1274–1305)
Dieser schottische Ritter begann Schottlands Unabhängigkeitskrieg, als er 1297 Eduard I. bei Stirling Bridge besiegte. Als er 1298 in Falkirk besiegt wurde, floh er nach Frankreich, wurde bei seiner Rückkehr nach Schottland 1305 jedoch gefangen genommen. Man brachte ihn nach London, wo er gehenkt und geköpft wurde. Dann wurde sein Leichnam geviertelt und an die Städte Perth, Newcastle, Berwick und Stirling gesandt.

Wolfram von Eschenbach
(um 1170 – um 1220)
Nicht alle Ritter waren wegen ihrer Kämpfe berühmt. Wolfram war ein Ritter niedrigen Rangs, der seinen Ruhm als Dichter oder Minnesänger erlangte. Er wurde bei Ansbach in Bayern geboren und hielt sich am Thüringer Hof des Landgrafen Hermann auf der Wartburg auf. Er schrieb einen der großen Ritterromane, den *Parzival*.

Ritter in der Dichtung

Artus
Der historische Artus oder Arthur war vermutlich ein britischer Kelte im 6. Jahrhundert. Er kann ein Heerführer in einem langen Feldzug gegen die Angelsachsen gewesen sein, die nach dem Untergang Roms in England eingedrungen waren. Sein Name taucht schon in frühen keltischen Mythen auf. Im späteren Mittelalter wurde er in den Dichtungen zu einem mächtigen König gemacht, dem Anführer der Ritter der Tafelrunde. Die Sage um den Ritter Artus verbreitete sich in ganz Europa und wurde von vielen Dichtern verwendet.

Bedivere oder Bedwyr
Diese Figur erscheint schon in den frühesten Erzählungen über König Artus. In *Le Morte d'Arthur* von Thomas Malory (um 1469) wird er der wichtigste Ritter der Tafelrunde. Als Artus stirbt, schleudert Bedivere sein Schwert Excalibur in den See.

Excalibur

Der Ritter von Canterbury
Der englische Dichter Geoffrey Chaucer (um 1343–1400) schrieb eine Reihe von Erzählungen über eine Pilgerschar, die nach Canterbury wallfahren will. Einer von Chaucers Pilgern ist ein Ritter, der als edel und tapfer beschrieben wird. In den Kriegen gegen Türken und Mauren hatte er an fünfzehn Schlachten teilgenommen. Er hatte viele Turniere ausgefochten und besaß edle Pferde.

Dietrich von Bern
So wie der Krieger Artus in den mittelalterlichen Dichtungen als ruhmreicher König wiederkehrt, so lebte der Ostgotenkönig Theoderich der Große als Ritter Dietrich von Bern in der germanischen Heldendichtung weiter. Im *Nibelungenlied*, einer um 1200 verfassten Versdichtung, geht es um Ehre und Rache bei Nibelungen und Burgunden.

Ector
In der Dichtung *Le Morte d'Arthur* gab der Zauberer Merlin den kleinen Artus bei Ector in Pflege, um vor seinen Feinden zu verbergen, dass der Junge der Sohn von Uther Pendragon war.

Falstaff, Sir John
Diese schelmische Gestalt wurde von dem englischen Dramatiker William Shakespeare um 1590 erfunden, geht aber vermutlich auf den Ritter Sir John Oldcastle zurück, der wirklich gelebt hat. Falstaff ist alt, fett und lustig. Er trinkt und prahlt mit seinen Taten, ist aber in Wirklichkeit ein Feigling. Wahrscheinlich gab es im wirklichen Leben viele Ritter wie ihn!

Galahad
Der Name Galahad taucht in späteren Geschichten über König Artus auf. Er ist der Sohn Lanzelots und der Prinzessin Elaine und der echteste Ritter von allen. Als einziger findet er den Heiligen Gral. Der Gral ist ein Gefäß, aus dem Jesus beim letzten Abendmahl trank. Der Legende nach wurde er auf die Britischen Inseln gebracht. Die Gralsidee geht wahrscheinlich auf alte keltische Erzählungen von einem magischen Kessel zurück.

Ganelon
Der auch als Gan von Mainz oder Gano von Moganza bekannte Ganelon war einer der zwölf Ritter um Karl den Großen, der Paladine. Karl der Große (747–814) war König der Franken. Eine Schlacht in seinem Kriegszug gegen die Mauren in Spanien führte zur Entstehung des *Rolandslieds*. In diesem Heldengedicht werden die Paladine zu Rittern. Ganelon verrät die Ideale des Rittertums und verursacht so den Tod Rolands (eines anderen Paladins).

Gareth
In den Sagen um König Artus ist Gareth der Sohn von Artus' Schwester Morgawse und König Lot von Orkney. Er trifft unerkannt am Hofe seines Onkels in Camelot ein und wird zur Arbeit in die Küche geschickt. Weil Kay (siehe dort) seine feinen Hände auffallen, gibt er ihm den französischen Namen „Beaumains", was so viel wie „schöne Hände" bedeutet.

Gawain
Der älteste Bruder von Gareth, Gawain, wird als einer der tapfersten Ritter aus der Tafelrunde des Königs Artus geschildert. In der französischen Dichtung hieß er Gauvain. In einer Geschichte begibt er sich auf die Suche nach einem geheimnisvollen Grünen Ritter. Dabei wird seine Ehre mehrfach auf die Probe gestellt.

Hagen
Im deutschen *Nibelungenlied*, das um 1200 abgefasst wurde, ist Hagen ein Ritter im Dienste der Könige der Burgunden. Er tötet Siegfried, dessen Witwe Kriemhild später ihn und seine Gefährten umbringt.

Kay oder Cai
Dieser Krieger erscheint ebenfalls in englischen Sagen, wo er mit Artus und magischen Taten verbunden ist. In späteren Geschichten aus England und Frankreich wird er als prahlerischer, hitzköpfiger, unbeholfener Ritter dargestellt, der Pflegebruder und Verwalter des Königs Artus ist.

Lancelot
Dieser Ritter aus der Artussage wird zuerst in französischen Fassungen der Geschichte erwähnt. Er ist der Sohn von König Ban von Benwick in der Bretagne und wird zum schönsten, edelsten und waghalsigsten Ritter der Tafelrunde. Er ist der beste Freund des Königs, entbrennt aber in Liebe zu Artus' Frau Ginevra (Guinevere). Schließlich wird Lancelot Mönch und Ginevra Nonne.

Mordred, Modred oder Medraut
In einigen Geschichten ist Mordred der Sohn von Artus, in anderen sein Neffe. Es ist der böse Mordred, der das Ende der Ritterzeit herbeiführt. In der letzten großen Schlacht wird er von Artus getötet, verwundet aber auch den König tödlich.

Olivier
Dieser auch als Oliver, Oliviero oder Ulivieri bekannte Ritter spielt als edler, weiser Ritter, der nach einem Kampf mit Roland dessen bester Freund wird, im französischen *Rolandslied* eine Rolle.

Palamedes
Dieser edle Sarazene ist der einzige nichtchristliche Ritter am Hof von König Artus.

Parzival von Galles
Parzival ist das Urbild des christlichen Ritters, der in späteren Geschichten auf der Suche nach dem Gral schwere Kämpfe besteht.

Don Quijote
Diese Gestalt wurde im 17. Jahrhundert von dem spanischen Dichter Miguel de Cervantes erfunden. Die Geschichte handelt von einem Vertreter des niederen Adels, der sich so für Ritterromane begeistert, dass er sich schließlich von einem Gastwirt zum Ritter „Don Quijote" schlagen lässt. Dieser Ritter der Neuzeit lebt in einer Traumwelt, kämpft mit Windmühlen und Schafheeren, stets von seinem treuen Diener Sancho Pansa und seinem Pferd Rosinante begleitet.

Don Quijote

Robin von Locksley
Englischen Volksmärchen zufolge war der mythische Volksheld Robin Hood im wirklichen Leben ein Ritter des 12. Jahrhunderts, der in Locksley in Nottinghamshire geboren wurde. Er raubte reiche Herren aus, um ihren Überfluss an die Armen zu verteilen. Nach einigen Erzählungen war er in Wirklichkeit Robert, Graf von Huntingdon.

Roland
Der heldenhafte Ritter aus dem *Rolandslied* ist historischen Ursprungs. Er gehörte zu den zwölf Paladinen Karls des Großen und starb 778 in einem Nachhutgefecht gegen die Basken bei Roncesvalles in den Pyrenäen. In italienischen Geschichten heißt Roland Orlando.

Sheriff von Nottingham
In vielen Volkssagen kämpfen die Helden gegen Ungerechtigkeit. Zu den bekanntesten dieser Geschichten gehört die von Robin Hood. Sein schlimmster Feind ist der Sheriff von Nottingham, der böse Ritter, der das Gebiet um den Wald von Sherwood kontrolliert, während König Richard I. an einem Kreuzzug teilnimmt. In mittelalterlichen Geschichten ist es König Eduard.

Sankt Georg
Der heilige Georg war im wirklichen Leben ein römischer Soldat, der 303 n. Chr. starb. Er soll den Kreuzfahrern in Antiochien geholfen haben und wurde später zum Schutzpatron von England, Aragon und Portugal. Seit dem Mittelalter wird er als Ritter mit Rüstung und Pferd gezeigt, der Drachen tötet und Jungfrauen rettet.

Siegfried
Siegfried (in Skandinavien Sigurd) war ein Held der germanischen Mythologie. Im mittelalterlichen *Nibelungenlied* wird er ein edler Fürst am Rhein, der von Hagens Hand stirbt.

Tristan
Dieser Held ist ein Ritter, der bei König Marke von Cornwall im Dienst steht. Er wird nach Irland geschickt, um Isolde zu holen, die mit Marke vermählt werden soll. Versehentlich trinken beide einen Zaubertrunk und verlieben sich unsterblich. Als ihre Liebe entdeckt wird, muss Tristan fliehen. Erst im Tod sind beide wieder vereint. Die Geschichte gelangte von Cornwall in die Bretagne und von dort nach Frankreich und Deutschland.

Sankt Georg

Glossar

Abort Auch Latrine, meist in Erkerform ins Mauerwerk eingebaute Toilette.

Armbrust Handwaffe, die aus einem Schaft und einem sehr starken Bogen besteht. Sie wurde mit Hebelkraft gespannt und verschoss Pfeile und Bolzen.

Ätzkalk Gelöschter Kalk, der Haut und Kleidung verbrennt.

Banner Fahne mit Wappen und Abzeichen, mit der der Versammlungsort auf dem Schlachtfeld oder der Standort des Bannerträgers angezeigt wird. Meist war ein Banner schwalbenschwänzig.

Barbakane Einem Tor vorgelagerte Befestigungsanlage.

Baumeister Plant und beaufsichtigt einen Bau, vergleichbar einem Architekten heute.

Belagerung Eine Burg zum Zweck der Eroberung umzingeln oder einschließen.

Bergfried Der Hauptturm der Burg.

Brünne Teil der Ritterrüstung zum Schutz von Nacken und Hals.

Brustwehr Zinnengeschmückte, schmale Mauer auf dem Wehrgang.

Buhurt Kampf zwischen Gruppen als Teil eines Turniers.

Burg Ein befestigter Bau, der seinen Bewohnern zugleich als Wohnsitz diente. Reiche Ritter besaßen oft mehrere Burgen zum Schutz ihres Grundbesitzes.

Christenheit Gesamtheit der Christen.

Fachwerkfüllung Mischung aus Lehm über einem Flechtwerk aus Zweigen und Rohr.

Fallgatter Ein schweres Gitter zum Verschließen des Burgtores.

Feudalsystem Die Gesellschaftsordnung während des Mittelalters. Ein Vasall erhielt vom Lehnsherrn Land und Schutz und leistete dafür Heerfolge oder andere Dienste.

Gefolgsmann Ein bewaffneter Begleiter eines Ritters. Der Ritter stellte seinem Gefolgsmann Pferde und Waffen.

Gestech Zweikampf zu Pferde bei einem Turnier.

Große Halle Der Hauptraum in der Burg, der auch als Speiseraum diente.

Halsberge Metallener Ringkragen der Ritterrüstung.

Harnisch Aus beweglich verbundenen Eisenplatten zusammengesetzte Rüstung, zu der auch ein Helm gehörte.

Heerfolge Vom König oder Lehnsherrn erlassener Aufruf zum Kriegsdienst.

Heiliges Land Die Länder im Mittleren Osten, die für Christen, Juden und Muslime heilig sind.

Hellebarde Lanze mit Beil und einem Haken, mit dem Reiter vom Pferd oder Verteidiger von der Mauer gezogen wurden.

Heraldik Wappenkunde. Sie befasst sich mit der Geschichte und Beschreibung von Wappen.

Herold Wappenkundiger Hofbeamter, der Wappen entwarf und Wappenbücher führte.

Herrentisch Wichtigster Tisch in der Großen Halle.

Herzogtum Ein von einem Herzog regiertes Gebiet. Manch ein Herzogtum wie das Burgunder war mächtiger als viele Fürstentümer und kleine Königreiche.

Höriger Jemand, der nach dem Feudalsystem bestimmte Dienste und Abgaben an seinen Grundherrn zu leisten hatte.

Hundsgugel Helm mit aufklappbarem Visier.

Hurde Holzgerüste, die bei einem Angriff auf dem Wehrgang zum Schutz der Verteidiger errichtet wurden. Sie wurden später von festen Pechnasenkränzen ersetzt.

Kaplan Geistlicher, der den Gottesdienst in der Burgkapelle hielt.

Kettenhemd/Kettenpanzer Hemd aus ineinandergefügten Metallringen, das zum Schutz des Oberkörpers getragen wurde.

Ketzer Jemand, dessen Glaubensvorstellungen von denen der katholischen Kirche abweichen.

Kleiderkammer Raum in der Nähe der Herrschaftswohnung, in dem die Kleidungsstücke aufbewahrt und die Haushaltsbücher geführt wurden.

Knappe Im Mittelalter ein junger Edelmann, der zum Ritter ausgebildet wurde. Er diente einem Ritter mehrere Jahre.

Kondottiere Ein italienischer Ritter, der sich für das Kämpfen bezahlen ließ. Der Vertrag oder „Condotta" wurde zwischen dem Anführer eines Söldnertrupps und dem Auftraggeber geschlossen.

Kreuzzug Ein „heiliger" Krieg, den Christen gegen Andersgläubige führten. Dies waren meist Muslime oder christliche Ketzer.

Langbogen Ein kräftiger, langer Holzbogen, mit dem Pfeile abgeschossen wurden. Er war die bevorzugte Waffe der Bogenschützen Englands.

Lanze Aus einem langen Schaft und einer Spitze aus Metall bestehende Waffe zum Stoßen oder Werfen.

Lehen Grundbesitz, der von einem Lehnsherrn an einen Untergebenen verliehen wird.

Lehnsherr Kaiser, König, Fürst oder Ritter, der jemandem ein bestimmtes Gut zum Lehen gibt.

Lehnsmann Jemand, der ein Lehen bekommen hat.

Lösegeld Die für die Freilassung eines gefangenen Ritters bezahlte Summe.

Mange Wuchtige Wurfmaschine mit Schleuderarm, der Wurfgeschosse gegen die Burgmauern schleuderte.

Mauren Ursprünglich Bezeichnung für nordafrikanische Völker, vor allem Berber und Araber. Im Mittelalter Bezeichnung für die muslimischen Eroberer Spaniens.

Mauserkäfig Ein Schuppen, in dem die Jagdfalken gehalten wurden, wenn sie mauserten (ihre Gefieder wechselten).

Minne Verehrung, die ein Ritter einer hochgestellten, zumeist unerreichbaren Frau entgegenbrachte.

Armbrust

Minnesänger Deutscher Dichter des Mittelalters, der in seinen selbst gedichteten und vertonten Liedern die Minne besang.

Mittelalter Geschichtliche Epoche zwischen dem Ende des Römischen Kaiserreiches im Jahre 476 n. Chr. und dem Beginn der Neuzeit um 1500.

Mordloch In der Decke eines Torhauses liegende Öffnung, durch welche der Feind mit heißem Pech begossen oder mit Steinen beworfen wurde.

Motte Künstlich aufgeschütteter Erdhügel, auf dem der Wohnturm der frühen Burgen errichtet wurde. Oft entstand daraus später eine Ringburg.

Orden Religiöse Gemeinschaft von Mönchen oder Rittern.

Page Ein adliger Knabe im Alter von 7 bis 14 Jahren, der zum Ritter erzogen wird.

Palisade Sperre aus dicht aneinandergereihten Pfählen, schon bei den frühen Erdhügelburgen.

Panzer Feste metallene Rüstung als Schutz gegen Verwundungen.

Kettenpanzer

Papst Das Oberhaupt der römisch-katholischen Kirche.

Pavese Mannsgroßer Schild zum Schutz von Schützen, der mit einer eisernen Spitze in den Boden gerammt wurde.

Pechnasenkranz Vorragende Brustwehrmauer, hinter der durch Öffnungen im Boden geschossen werden konnte.

Pest Eine Seuche, die sich im Mittelalter in Asien und Europa ausbreitete und zahlreiche Todesopfer forderte. An manchen Orten kam einer von drei Menschen um. Auch „Schwarzer Tod" genannt.

Pilger Jemand, der zu einem Heiligtum reist. Christen pilgern vor allem nach Jerusalem und Rom, Muslime nach Mekka.

Plattenrüstung Aus Metallplatten gefertigter Panzer. Auch Harnisch genannt.

Plattner Ein Metallhandwerker, der auf die Herstellung von Rüstungen spezialisiert war; auch Harnischschmied.

Poterne Versteckt angelegte Ausfallpforte in der Burgmauer.

Rammbock oder Widder Ein großer Balken auf fahrbarem Gestell zum Einrammen von Toren und Mauern. Die Metallspitze des Balkens war oft als Widderkopf geformt.

Ringburg Kreisförmige Burganlage, die oft aus einer Erdhügelburg (Motte) entstand.

Ringmauer Manche Burgtypen hatten zwei Mauerringe. Der äußere war niedriger, damit die auf der höheren inneren Mauer platzierten Schützen die dort stehenden Wachen unterstützen konnten.

Ritter Krieger, der im europäischen Mittelalter zur Adelsschicht zählte.

Rittertum Die Ideale des Ritterstandes, nach denen ein Ritter handelte: vornehm, aufrichtig, dienst- und hilfsbereit.

Rüstbalkenloch Im Mauerwerk frei gelassenes Loch, in das ein Balken eingelegt wurde.

Samurai Die japanische Klasse von Landbesitzern und Kriegern, die den Rittern des mittelalterlichen Europas ähnlich waren.

Sarazene Europäische Bezeichnung eines muslimischen Kriegers, meist ein Araber, Türke oder Kurde.

Schießnische Keilförmige Öffnung hinter den Schießscharten, die dem Bogenschützen beim Spannen des Bogens Bewegungsfreiheit gab.

Stechpuppe

Schießscharte Öffnung im Mauerwerk, durch die die Schützen ihre Pfeile abschießen konnten. Schießscharten waren senkrechte oder kreuzförmige Schlitze. Für Geschütze gab es Schießlöcher.

Schwertleite Zeremonie, bei der ein Knappe feierlich zum Ritter geschlagen wurde.

Söldner Krieger, der sich für Geld in den Dienst eines Heeres stellt.

Sporn Dorn oder kleines Rädchen am Absatz des Reitstiefels, mit dem der Reiter das Pferd antreibt.

Stechpuppe Ein Zielposten, an dem Ritter ihre Treffsicherheit trainierten. Trafen sie den Schild, schwang ein Sack herum, dem sie ausweichen mussten.

Steigbügel Stütze für die Füße des im Sattel sitzenden Reiters.

Steinmetz Handwerker, der Steine für den Bau behaut und bearbeitet. Jeder Steinmetz hatte im Mittelalter ein Zeichen, mit dem er seine Steine kennzeichnete. Man kann diese Prägezeichen noch heute in vielen Burgmauern erkennen.

Streitkolben An der Spitze mit Eisen beschlagene Keule als Kampfwaffe.

Tjost Berittener Zweikampf bei einem Turnier.

Torhaus Gesamtheit von Toren und Türmen, die den Eingang zur Burg schützte.

Tribock Eine Belagerungsmaschine, mit der Steine gegen die Burgmauern geschleudert wurden. Manchmal landeten auch tote Tiere im Burginnern, die Gestank und Krankheiten verbreiten sollten.

Troubadour Französischer Sänger und Dichter, der Lieder vortrug, deren Thema die Minne war.

Turnier Ritterliches Kampfspiel im Mittelalter als festliche Veranstaltung oder Vorbereitung zum Kampf.

Vasall Im Mittelalter jemand, der als Gegenleistung für Dienstleistungen und Kriegsdienst ein Lehen erhalten hat.

Verlies Unterirdisches, nur von oben her zugängliches Gefängnis im untersten Geschoss des Bergfrieds.

Wappen Erkennungszeichen auf Schild oder Rüstung eines Ritters, das sich zum Symbol einer Familie oder einer Burg entwickelte.

Wehrgang Die durch eine Brustwehr geschützte Mauerkrone.

Zelter Elegantes Reitpferd.

Zinne Der erhöhte Teil einer Mauerkrone zwischen zwei Zinnenfenstern. Zur Deckung und Tarnung der Schützen konnten die Zinnenfenster mit Holzklappen, den Zinnenläden, geschlossen werden.

Zugbrücke Eine Brücke, die hochgezogen werden konnte, um den Zugang zur Burg zu unterbrechen.

Schwertleite

Register

A

Abort 33, 42, 90
Afrikanische Kavallerie 81
Ägypten 63, 73
Alexander „Newskij" 75, 86
Annunziatenorden 15
Aquamanile 39
Araber 8, 9, 91
Arkebusier 81
Armbrust 56, 90
Artus, König 56, 82–83, 88, 89
Ätzkalk 31, 90
Ausfallpforte *siehe* Poterne
Axt 21

B

Baden 42
Banner *siehe* Flaggen
Barbakane 31, 90
Bauern 45, 60, 74, 76
Baumeister 20, 90
Bayeux, Teppich von 5
Beaumaris (Burg) 21, 31
Bedivere (Bedwyr) 82, 88
Belagerung 64–65, 90
Belagerungsmaschinen 64, 65, 66–67, 69
Belagerungsturm 66, 67
Belvoir (Burg) 73
Bengalischer Lanzenträger 81
Berber 9
Bergfried 22, 33, 90
Bogen *siehe* Bogenschützen
Bogenschützen 56, 60, 61, 72, 73, 79, 80, 84
Bohemund von Tarent 86, 87
Bombarde 67, 68, 84
Böttcher 29
Bretagne 11, 77
Brieftauben 58
Brot 34, 37
Brünne 54, 90

Brunnen 35
Buhurt 50, 90
Burgen 7, 18–19, 32–33, 71, 73, 74, 90
Burgenbau 20–21
Burggraben 23, 31, 33, 42, 66, 84
Burgherr 19, 25, 26, 34, 36, 38, 39, 40, 42, 46, 48, 65
Burgherrin 33, 41, 46
Burgund 15, 77
Burgvogt 36, 63
Byzantinisches Reich 8, 78–79, 86

C

Calatrava, Ritterorden von 15
Canterbury, Ritter von 88
Carcassonne 77
Christen 8–9, 18, 47, 62, 63, 72, 73, 74, 77, 78
Christenheit 8–9, 78, 90
Clare, Richard von („Starkbogen") 86
Colleoni, Bartolomeo 52, 86
Conwy (Burg) 24–25
Coucy, Enguerrand 86

D

Dakota (Sioux) 81
Deutscher Orden 14–15, 74–75, 86
Deutschland/Deutsche 8, 17, 18, 53, 74–75, 81, 83
Dichter/Dichtung 11, 82–83
Dietrich von Bern 88
Dolche 57
Don Quijote 89
Dschingis Khan 9

E

Ector 88
Eduard I. 13, 24, 25, 84, 87
Eduard, der „Schwarze Prinz" 60, 61, 86
El Cid (Rodrigo Díaz de Vivar) 70, 86

El Real de Manzanares (Burg) 85
England/Engländer 4, 5, 8, 15, 32, 63, 76, 77, 81
Erdhügelburg 84

F

Fachwerkbau 28, 90
Falkenjagd 49, 58, 90
Fallgatter 22, 27, 31, 90
Falstaff, Sir John 88
Festmahl 38-39
Feudalsystem 6–7, 78, 84, 90
Feuerstelle 23, 37
Feuerwaffen 55, 56, 81
Flaggen 10, 16, 17, 50, 80, 90
Flandern 11, 77
Flegel 56, 57
Franken 72, 88
Frankreich/Franzosen 8, 11, 13, 14, 15, 17, 18, 41, 60–61, 76–77, 81
Frauen 11, 16, 33, 50, 51
Fürstentum 8
Fußangeln 56, 57, 61
Fußsoldaten 52, 62, 80

G

Galahad 88
Ganelon (Gan von Mainz, Gano von Moganza) 88
Gareth („Beaumains") 88
Garten 35
Gascogne/Gascogner 61, 87
Gaukler 29, 47
Gawain (Gauvain) 88
Gebet 13, 15, 61
Gefangene 62-63, 69, 86, 87
Gefängnis *siehe* Verlies
Gefolgsleute 7, 11, 50, 52, 76, 90
Geld 7, 12, 52, 62, 63, 78
Geldverleiher 29
Genezareth, See 72, 73

Geschütze 67, 68
Gestech 51, 90
Gewürze 36
Goldenes Vlies (Ritterorden) 15
Gotischer Kriegshäuptling 81
Greifvögel 49
Große Halle 38–39, 40, 90
Guesclin, Bertrand du 86
Guiscard, Robert 86
Guy von Jerusalem 72–73

H
Hagen 88, 89
Halsberge 90
Handwerker 29
Han-Krieger 81
Hanse 75
Harnisch 54, 55, 90
Haushalt 41
Haushofmeister 34
Hawkwood, Sir John de 86
Heere 5, 60–61, 72–73, 76–77
Heerfolge 52, 90
Heiliger Gral 88, 89
Heiliges Land 9, 14–15, 72–73, 87, 90
Heinrich V. 76
Heirat 41
Hellebarde 57, 90
Helme 50, 51, 54–55, 80, 81
Hennin 44
Heraldik *siehe* Wappenkunde
Herold 17, 63, 65, 90
Herrenhaus 32
Herrentisch 38, 90
Herstmonceux (Burg) 85
Herzogtum 8, 90
Himeji (Burg) 85
Höfische Liebe 11, 76
Hörige 7, 90
Hosenbandorden 15
Hospitaliter *siehe* Johanniterorden
Hunde 48, 59

Hundertjähriger Krieg 76
Hundsgugel 90
Hurde 23, 30, 31, 66, 84, 90

I
Innozenz III., Papst 77
Italien/Italiener 8–9, 33, 53, 59
Ivanhoe 83

J
Jagd 10, 35, 48-49
Jerusalem 9, 15, 47, 62, 72, 87
Johann von Böhmen 87
Johann von Gent 87
Johann I. 63
Johanna von Orléans 13
Johanniterorden 14–15
Juden 8, 9

K
Kämmerer 34
Kammerfrau 40, 43
Kanonen 78, 79, 81
Kapelle 19, 23, 32, 46
Kaplan 46, 90
Karl der Große 82, 88, 89
Kay (oder Cai) 88, 89
Keller 34
Kessel 36
Kettenhaube 54
Kettenhemd 15, 54–55, 72, 81, 90
Kettenpanzer 84, 90
Kettenüberwurf 59
Ketzer 77, 90
Kinder 12, 13, 32, 33, 41
Kleiderkammer 40, 90
Kleidung 44–45
Knappe 13, 33, 52, 55, 58, 90
Koch 36
Kondottieri 52, 86, 90
Konstantinopel 73, 78–79
Krak des Chevaliers 18, 84

Krankheiten 42, 43
Kräuter 36, 40, 42, 43
Kreuzfahrerstaaten 72–73, 86, 87
Kreuzzüge 8, 9, 12, 14–15, 18, 58, 62, 63, 72–73, 77, 84, 90
Krieg der Sterne 83
Küche 36–37
Küchenjunge 36, 37
Kürassier 81

L
Lancelot 88, 89
Langbogen 56, 90
Lanzen 12, 51, 56, 57, 81, 90
Lehen 4, 5, 6, 90
Lehnsherr 6, 8, 11, 90
Lehrling 29
le Meingre, Jean 87
Le Morte d'Arthur 83, 88
Lösegeld 62–63, 69, 87, 90
Ludwig IX. 63
Luther, Martin 78

M
Malory, Sir Thomas 83, 88
Mange 66, 67, 90
Marienburg (Malbork) 74
Markt 28–29
Mauern 8, 9, 11, 15, 70–71, 86, 88, 90
Mauserkäfig 49, 90
Meister Jacques de Saint Georges 25
Met 35
Minne 11, 90
Minnesänger 83, 87, 91
Mittelalter (Definition) 91
Mohammed II. 79
Mönch 6, 47
Mongolen 9, 74
Montfort, Simon de 87
Montfort, Simon de, der Jüngere 87
Mordloch 91
Mordred (Modred; Medraut) 89

93

Motte 84, 91
Mundschenk 35, 38
Musikanten 38, 91
Muslime 8–9, 72–73, 78–79
Mysterienspiel 47

N

Nahrung 11, 26, 34–35, 36–37, 38–39
  Haltbarmachung 34
Neuschwanstein 85
Nibelungenlied 83, 88
Nonne 47
Normannen 4–5, 8, 76, 84, 86, 87
Nottingham, Sheriff von 83, 89

O

Olivier (Oliver; Oliviero; Ulivieri) 89
Orden (Definition) 91
Owain Glyndwr 87

P

Packpferd 58
Page 12–13, 33, 41, 91
Palamedes 89
Palisade 91
Päpste 8, 72, 74, 77, 86, 91
Parzival von Galles 89
Pavese 66, 91
Pechnasenkranz 31, 84, 91
Peipussee 75, 86
Percy, Sir Henry 87
Pest 7, 42, 43, 85, 91
Pferd 4–5, 12, 48, 58–59
Pferderüstung 59
Philipp IV., „der Schöne" 14
Pilger 6, 15, 47, 91
Pilgerfahrt 7, 47
Pisan, Christine de 41
Plattenrüstung 54–55, 56, 59, 84, 91
Plattner 52–53, 91
Polen 9, 74–75, 81

Portugal 78, 89
Poterne 69, 91
Preußen 74–75, 81
Priester 6, 33, 46
Protestanten 78

R

Rammbock 66, 91
Religion 46–47
Richard I., „Löwenherz" 63, 87, 89
Ringburg 91
Ritter (Definition) 91
Ritterlichkeit 11, 41, 50, 73, 83
Ritterorden 14–15, 59
Ritterschlag 11, 12–13
Rittertum 5, 10–11, 12–13, 50, 56, 76, 78, 82, 83, 91
Robin Hood, König der Diebe 83
Robin von Locksley 83, 89
Roland (Orlando) 82, 88, 89
Rolandslied 57, 88, 89
Rollbett 40
Rom/Römer 8, 47, 81
Russland/Russen 9, 74, 75, 86
Rüstbalkenloch 20, 91
Rüstung 5, 13, 16, 50, 51, 52, 53, 54–55, 56, 59, 80, 81

S

Saladin (Salah ad-Din) 72–73, 87
Salz 34, 35
Samurai 80, 91
Sankt Georg 89
Sarazenen 8, 9, 15, 18, 58, 62, 63, 72–73, 91
Sattel 59
Saumur (Burg) 85
Schach 40, 41
Schießnische 66, 91
Schießscharte 27, 91
Schild 4, 11, 16, 17, 55, 72

Schlachten 60–61, 78–79
  Azincourt 76, 77, 87
  Crécy 86, 87
  Hattin 72–73
  am Peipussee 75
  Poitiers 60–61, 86
  Tannenberg 75, 81
Schlachtross 58, 59
Schlafraum 40
Schmied 20, 21
Schnabelschuh 44
Schulunterricht 41
„Schwarzer Prinz" *siehe* Eduard, der „Schwarze Prinz"
Schwert 5, 12, 13, 23, 56–57, 80, 81
Schwertbrüderorden von Livland 14
Schwertleite 13, 91
Seife 36, 43
Sizilien 4, 18, 86
Söldner 91, *siehe auch* Kondottieri
Spanien/Spanier 8, 9, 15, 70–71, 78
Spielleute 41, 47
Sporen 12, 13, 59
Sporn 91
Stadtburg 24–25, 26
Stechpuppe 12, 91
Steigbügel 5, 59, 84, 91
Steinburg 20, 21, 84
Steinmetz 20, 21, 91
Streitkolben 56, 57, 91

T

Tafeldecker 35
Tafelrunde, Ritter der 82, 88, 89
Tankred 86, 87
Tataren 9, 74, 86
Templerorden 14–15, 59
Teppich 40
Tischsitten 38–39
Tjost 51, 83, 91
Torhaus 22, 26, 27, 31, 33, 84, 91

Treueid 6
Tribock 66, 67, 91
Tristan (Tristram) 89
Troubadour 91
Turnier 11, 16, 50–51, 82, 83, 91

U

Ungarn 9, 74
Unterminieren 66
Urban II., Papst 8

V

Vasallen 6, 11, 63, 91
Verlies 91
Verteidigung 11, 30–31
Verwundete 51, 55, 60, 61
Vogt 36, 65

W

Wachmannschaft 26, 36, 64
Waffen 11–13, 40, 50, 51, 56–57,
    66–67, 68, 69
Wallace (Walays), Sir William 87
Wams 45, 54
Wappen 16–17, 26, 50, 78, 91
Wappenkunde 16–17, 90
Wehrgang 27, 30, 91
Wendeltreppe 23
Wikinger 4
Wildschwein 35, 48, 49
Wilhelm I., „der Eroberer" 5
Windmühle 34
Wohnturm 33
Wolfram von Eschenbach 87

Z

Zelter 59, 91
Zimmermann 20, 21
Zinnen 30, 91
Zinnenfenster 30, 91
Zinnenladen 30, 91
Zugbrücke 30, 91
Zunft 29
Zweihänder 57

Bildnachweis

Der Verlag dankt folgenden Illustratoren
für ihre Mitarbeit an diesem Buch:

Julian Baker 5 mr, 12 ml, 21 r, 29 ol, 31 r, 34 ul, 36 or/m, 49 u, 51 ol, 52 ml, 54 ur, 55 ol, 56 ur, 57 u, 73 or, 84–85; **Gino D'Achille** (Artists' Partners) 56–57 o, 60–61, 74–75; **Peter Dennis** (Linda Rogers Associates) 18–19, 27, 32–33, 36–39, 46 r, 54 ol, 55 ur, 59 ur, 64–67, 68–69 m, 74 ol, 75 ur, 77 or; **Francesca D'Ottavi** 16–17; **Les Edwards** (Arena) 14 l, 15 or, 15 ur, 78–79; **Terry Gabbey** (Associated Freelance Artists Ltd) 22–23, 30–31; **Martin Hargreaves** (Illustration) 52–53; **Stephen Holmes** 43 ol; **Adam Hook** (Linden Artists) 44 u, 46 ml, 68 ml; **Christa Hook** (Linden Artists) 44 o, 45 ur; **Christian Hook** 81; **Tudor Humphries** 41 r, 47 or, 49 or; **John James** (Temple Rogers Artists' Agents) 24–25, 40; **Eddy Krähenbühl** 20–21, 28–29, 48 u; **Angus McBride** (Linden Artists) 4–5, 12–13, 62–63, 76–77; **Danuta Mayer** 10–11, 50–51; **Clare Melinsky** 86–91; **Nicki Palin** 6–7, 32 or, 34–35 l/m, 41 ol, 42 r, 43 r, 58–59, 80; **Mark Peppé** (B. L. Kearley Ltd) 7 o, 51 or, 56 ul, 61 r, 72 or; **Richard Phipps** (Illustration) 8–9; **Clive Spong** (Linden Artists) 15 ol, 60 ul, 70 ol, 72 ul, 75 mr, 76 o, 78 ul; **Shirley Tourret** (B. L. Kearley Ltd) 21 o, 22 l, 23 r, 26 m/u, 29 or/ur, 35 ul/or/m, 36 ul, 37 or, 38 o, 39 ur, 41 or, 42 l, 43 or, 45 or, 47 u, 66 l, 68 l, 69 r; **Bob Venables** (Thorogood Illustration) 70–71.

Kapitelverzierungen von **Danuta Mayer**
Holzschnitte von **Anthony Colbert** (B. L. Kearley Ltd)

Der Verlag dankt für die Bereitstellung
von Fotos für dieses Buch:

AKG London 5 or; **Bibliothèque Nationale, Paris** 82 ol; **Board of Trustees of the Royal Armouries** 82 u; **Bridgeman Art Library** 11 ur, 14 ur, 48 or, 62 or; **British Library** 26 or, 65 mr, 69 or; **Corbis UK Ltd** 33 ur, 71 ur, 74 ur; **E. T. Archive** 6 or, 8 or, 13 or, 76 um; **Mary Evans Picture Library** 19 or; **Fotomas Index** 83 ol; **Fine Art Photographs** 82 mr; **Ronald Grant Archive** 83 or/m/mr/ur; **Hampshire County Council** 82 ml; **Peter Newark's Pictures** 17 ml, 78 ml; **Popperfoto** 81 ur; **Royal Geographical Society** 84–85 om; **Scala** 52 ul; **Society of Antiquaries of London** 25 or.